Study on the development index
of economic and social integration
in Beijing-Tianjin-Hebei Region

京津冀经济社会
一体化发展指数研究

谢寿光　蔡继辉　曹占忠 等　著

图书在版编目（CIP）数据

京津冀经济社会一体化发展指数研究 / 谢寿光等著．—北京：中国发展出版社，2022.5

ISBN 978-7-5177-1281-7

Ⅰ．①京… Ⅱ．①谢… Ⅲ．①区域经济一体化—研究—华北地区 Ⅳ．① F127.2

中国版本图书馆 CIP 数据核字（2022）第 058293 号

书　　　名：京津冀经济社会一体化发展指数研究
著作责任者：谢寿光　蔡继辉　曹占忠　等
责 任 编 辑：陈学英　龚　雪
出 版 发 行：中国发展出版社
联 系 地 址：北京经济技术开发区荣华中路22号亦城财富中心1号楼8层（100176）
标 准 书 号：ISBN 978-7-5177-1281-7
经　销　者：各地新华书店
印　刷　者：北京市密东印刷有限公司
开　　　本：710mm × 1000mm　1/16
印　　　张：13.25
字　　　数：165 千字
版　　　次：2022 年 5 月第 1 版
印　　　次：2022 年 5 月第 1 次印刷
定　　　价：48.00 元

联 系 电 话：（010）68990642　68990692
购 书 热 线：（010）68990682　68990686
网 络 订 购：http://zgfzcbs. tmall. com
网 购 电 话：（010）88333349　68990639
本 社 网 址：http://www.develpress. com
电 子 邮 件：fazhanreader@163. com

本书编委会

课 题 组

课题组组长

谢寿光 中国出版协会副理事长、中国社会学会秘书长、中国管理科学学会副会长，二级研究员

蔡继辉 社会科学文献出版社副总编辑，编审

曹占忠 中国经济信息社新华指数事业部总经理，新华指数有限公司负责人

课题组成员

吴 丹 社会科学文献出版社皮书研究院执行院长，副编审

张艳丽 北华航天工业学院讲师，博士

孙胜元 泰州学院讲师，博士

亓芳芳 中国经济信息社新华指数事业部高级研究总监，中级经济师

丁阿丽 社会科学文献出版社皮书研究院副院长

炊国亮 社会科学文献出版社博士后

刘建朝 天津城建大学副教授，博士

目　录

研究背景和意义

第一节 研究背景

随着经济全球化进程的日益加快，竞争已不再是单个城市或单个省份的行为，而更多地表现为若干城市群、城市带在资源整合、产业协作中所形成的整体优势的竞争。区域内竞争与合作，特别是区域经济一体化涉及地理学、经济学以及管理学等诸多学科，无疑成为当前发展的主流和热门话题之一。区域经济一体化突破单一地域单元的限制，区域之间采取区域经济一体化战略，以加强协作，助力区域经济快速发展。地区内部通过市场贸易壁垒的不断消除、产业分工带来的规模经济、交通设施一体化的便利等，实现交易成本的降低、区域竞争力的提升，并最终促进地区经济增长。“京津冀一体化”源自“环首都经济圈”。在中央和京津冀地方政府的推动下，京津冀一体化战略已经成为中国最主要的区域发展战略之一。近年来，区域经济一体化发展取得了明显的成果。《京津冀协同发展规划纲要》《关于规划建设北京城市副中心和研究设立河北雄安新区的有关情况的汇报》《关于支持河北雄安新区规划建设的若干意见》的提出，为京津冀的发展作了顶层设计与政策指导。“十三五”规划更是把京津冀作为一个区域整体统筹规划，为城市群发展、产业转型升级、交通设施建设、社会民生改善等方面的一体化布局进行了统筹规划。

影响区域经济社会一体化的重要因素包括产业因素、市场因素、交通因素、社会因素以及生态因素。但相较于长三角、珠三角地区，京津冀地区的区域合作相对滞后，区域经济一体化水平有待提高。产业一体化方面，从发展趋势看，京津冀区域经济进入一个产业结构急剧变动时期，各地区根据自己的发展战略目标、经济结构调整路径、体制创新以及各项产业政策的实施，初步实现了工业化中期的主要目标，但各地的产业定位有重叠和冲突的地方，需要进一步协调，区域内产业的分工与合作仍需提高。市场一体化方面，目前京津冀市场一体化进程正在加快，取得了一定的成效。但与此同时，京津冀区域市场一体化也存在一定的障碍性因素，包括：京津冀区域内经济发展不平衡，导致京津冀三地在消费市场和要素市场上的需求存在很大差异，不利于要素市场的一体化；城市群极化现象所带来的“虹吸效应”进一步加剧了区域发展的不平衡，阻碍了区域市场一体化的发展；行政区划所带来的“经济边界”在一定程度上阻碍了市场在资源配置方面作用的发挥，影响了一体化进程。交通一体化方面，随着京津冀城市间互联互通进程的加快，日益增长的地区需求、民众需求与实现交流路径之间的矛盾凸显。交通一体化是区域经济一体化的重要空间依托及表现形式之一，是多种交通方式以及各种交通资源有机结合的综合立体化交通体系，是实现区域经济一体化的突破口和前提基础。社会一体化方面，京津冀集聚了全国最优质的教育、文化、医疗、科技等资源，近年来区域整体公共服务水平逐渐提升，但三地社会发展并不均衡，公共服务的落差较大，影响了要素流动、功能疏解和协同发展。推动京津冀协同发展，打造以首都为核心的世界级城市群，应通过科学规划、改革体制等措施，加快破解行政壁垒和制度障碍，促进生产要素自由流动，加快改革创新步伐，建立健全协同发展的体制机制，形成区域一体化发展新格局。这就要求京津冀区域尽快实现社会领域的一体化发展。生态一体化方面，伴随京津冀地区经济的快速发展，环境污染、生态系统退化等一系列问题也随之出现，在京津冀一体化协同发展中寻找经济发展和环境保护之间的平衡点，成为当前各地政府的重点工作。

第二节　研究意义

区域经济是一个综合系统，通过内部子系统的自组织和相互联系，促使区域经济不断发展。产业一体化、市场一体化、交通一体化、社会一体化、生态一体化五个系统协调发展，直接影响区域经济社会一体化的整体水平。区域经济社会一体化系统需要对内部各子系统经济要素进行整合，突破区域经济活动的边界限制，促使资源自由流动，形成广泛的经济合作关系，促进区域经济协调发展。因此，本书以京津冀为研究对象，从产业一体化、市场一体化、交通一体化、社会一体化、生态一体化方面展开研究，通过收集整理 2007 ~ 2016 年的相关数据，对京津冀一体化的整体发展情况进行分析，并在此基础上对京津冀协调发展的布局规划提出建议，为各地区在统一指导下调整各自的发展战略，以实现系统的整体优化，同时为经济结构战略调整中实现整体性的升级优化提供一定的借鉴。

第三节 京津冀区域发展现状

一、京津冀区域概况

京津冀地理位置紧邻，位于华北、东北、西北的交界处。京津冀是中国的首都圈，包括北京市、天津市以及河北省的保定、唐山、廊坊、石家庄、秦皇岛、张家口、承德、沧州、邯郸、邢台、衡水11个地级市。其中，北京、天津、保定、廊坊为中部核心功能区。截至2017年底，京津冀地区区域面积约为21.6万平方千米，占国土面积的2.3%。该区域的区位优势主要表现在以下几个方面：一是有中国北方最大的产业密集区；二是综合科技实力全国第一；三是中国重要的交通通信枢纽地带；四是集中了全国最重要的大中型企业；五是极富吸引力的旅游热点地区；六是发展包括日、韩、俄在内的东北亚跨国区域合作与产业分工的最佳地区，是投资环境良好的国际协作区。

二、京津冀经济发展水平分析

1. 国内生产总值情况分析

国内生产总值（GDP）是衡量一个国家或地区的整体经济水平最重要的指标。京津冀GDP、人均GDP以及GDP增长速度见表1-1、图1-1。

表1-1　2007～2016年京津冀地区GDP　单位：亿元

年份	北京	天津	河北	全国
2007	9846.81	5252.76	13607.32	270232.3
2008	11115	6719.01	16011.97	319515.5
2009	12153.03	7521.85	17235.48	349081.4
2010	14113.58	9224.46	20394.26	413030.3
2011	16251.93	11307.28	24515.76	489300.6
2012	17879.4	12893.88	26575.01	540367.4
2013	19800.81	14442.01	28442.95	595244.4

续表

年份	北京	天津	河北	全国
2014	21330.83	15726.93	29421.15	643974
2015	23014.59	16538.19	29806.11	689052.1
2016	25669.13	17885.39	32070.45	744127.2

数据来源：《北京统计年鉴》（2008～2017年）、《天津统计年鉴》（2008～2017年）、《河北统计年鉴》（2008～2017年）、《中国统计年鉴》（2008～2017年）。

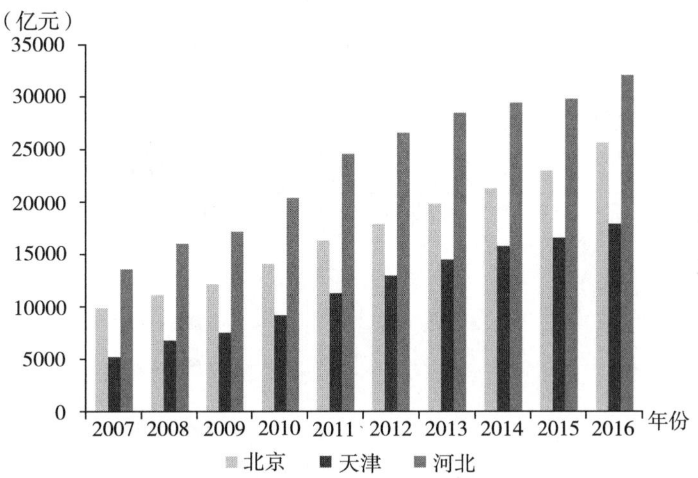

图1-1　2007～2016年京津冀地区GDP

从表 1-1 和图 1-1 可以看出，北京、天津、河北三个地区的国内生产总值在 2007 ～ 2016 年呈逐年增长的趋势。其中，河北省的 GDP 高于北京市和天津市。2007 年，河北省的 GDP 与北京市、天津市的比例分别是 1.38∶1、2.59∶1。2016 年，河北省与北京市、天津市的 GDP 比例分别是 1.25∶1、1.79∶1。2016 年，北京、天津、河北三个地区的 GDP 分别约占全国总量的 3.45%、2.40%、4.31%。

虽然河北省的 GDP 明显高于北京市和天津市，但从人均 GDP 来看（见表 1-2 和图 1-2），由于河北省的人口总量要远远高于北京市和天津市，2007 年河北省的人均 GDP 仅为北京市的 31.50%、天津市的 39.59%，2016 年河北省的人均 GDP 仅为北京市的 36.43%、天津市的 37.43%。同时，河北省的人均 GDP 长期低于全国平均水平。

表1-2 2007 ~ 2016年京津冀地区人均GDP 单位：元

年份	北京	天津	河北	全国
2007	60096	47970	19662	20505
2008	64491	58656	22986	24121
2009	66940	62574	24581	26222
2010	73856	72994	28668	30876
2011	81658	85213	33969	36403
2012	87475	93173	36584	40007
2013	94648	100105	38909	43852
2014	99995	105231	39984	47203
2015	106497	107960	40255	50521
2016	118198	115053	43062	53980

数据来源：《北京统计年鉴》（2008 ~ 2017年）、《天津统计年鉴》（2008 ~ 2017年）、《河北统计年鉴》（2008 ~ 2017年）、《中国统计年鉴》（2008 ~ 2017年）。

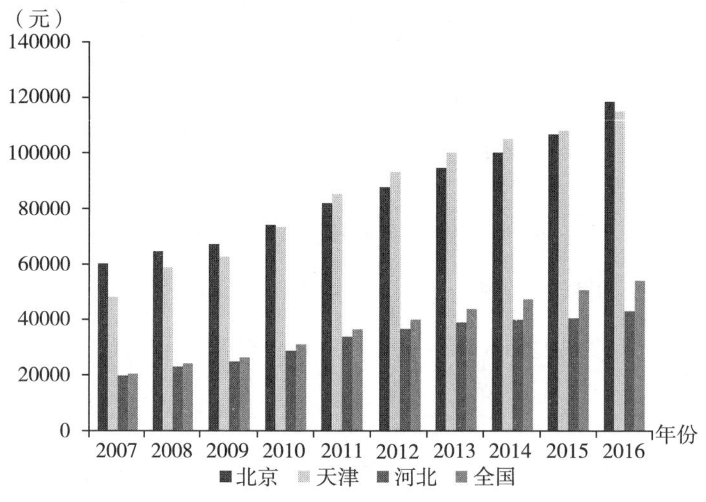

图1-2 2007 ~ 2016年京津冀地区及全国人均GDP

从表 1–3 和图 1–3 的 GDP 增长速度来看，2007 ~ 2016 年，北京、天津、河北、全国的平均增长速度分别为 8.9%、13.7%、9.4%、9%。总体来看，这十年间，天津的经济增长速度最快，北京的经济增长速度较慢，河北的经济增长速度居中。其中，2007 ~ 2011 年，北京、天津、河北的经济增长速度均较快；2014 年以后，三地的经济增长速度放慢，北京和河北在 7% 左右，天津在 10% 左右。

表1-3　**2007～2016年京津冀地区及全国GDP增长速度**　单位：%

年份	北京	天津	河北	全国
2007	14.5	15.5	12.8	14.2
2008	9.1	16.5	10.1	9.7
2009	10.2	16.5	10	9.4
2010	10.3	17.4	12.2	10.6
2011	8.1	16.4	11.3	9.5
2012	7.7	13.8	9.6	7.9
2013	7.7	12.5	8.2	7.8
2014	7.3	10	6.5	7.3
2015	6.9	9.3	6.8	6.9
2016	6.8	9.1	6.8	6.7
平均增速	8.9	13.7	9.4	9.0

数据来源：《北京统计年鉴》（2008～2017年）、《天津统计年鉴》（2008～2017年）、《河北统计年鉴》（2008～2017年）、《中国统计年鉴》（2008～2017年）。

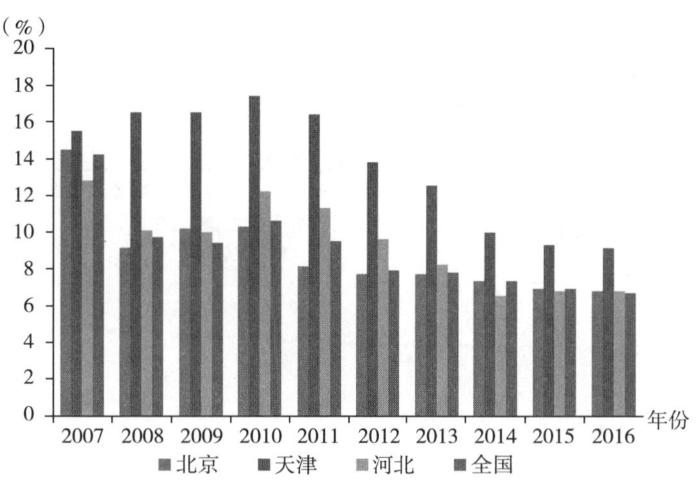

图1-3　2007～2016年京津冀地区及全国GDP增长速度

2. 三次产业结构情况分析

从表 1–4 和图 1–4、图 1–5、图 1–6 可以看出，北京市以第三产业为主，整体呈现出“三二一”的结构，传统的制造业开始减少，正在形成以高新产业为主的新兴工业结构。天津市的产业呈“二三一”的结构，但是第二、第三产业比重差距较小，尤其到了 2016 年，第三产业产值占比超过第二产业产值占比9.2个百分点。河北省的产业呈现“二三一”的结构，第二产业占据主导地位，其占GDP的比重一直高于第一产业和第三产业，第二产业在一定时期内发挥经济增长的支柱作用。

表1-4　　2007~2016年京津冀地区产业构成　　单位：%

年份	北京			天津			河北		
	一产	二产	三产	一产	二产	三产	一产	二产	三产
2007	1.0	25.2	73.9	2.1	55.1	42.8	13.2	53.0	33.8
2008	1.0	23.2	75.8	1.8	55.2	43.0	12.7	54.5	32.9
2009	0.9	23	76.1	1.7	53.0	45.3	12.7	52.1	35.1
2010	0.9	23.5	75.7	1.6	52.4	46.0	12.5	52.6	34.9
2011	0.8	22.6	76.6	1.4	52.4	46.2	11.8	53.7	34.5
2012	0.8	22.1	77.1	1.3	51.7	47.0	11.9	52.9	35.2
2013	0.8	21.6	77.6	1.3	50.6	48.1	11.8	52.2	36.0
2014	0.7	21.3	78	1.3	49.1	49.6	11.6	51.3	37.1
2015	0.6	19.7	79.7	1.3	46.5	52.2	11.5	48.5	40.0
2016	0.5	19.3	80.2	1.2	44.8	54.0	10.9	47.6	41.5

数据来源：《北京统计年鉴》（2008~2017年）、《天津统计年鉴》（2008~2017年）、《河北统计年鉴》（2008~2017年）、《中国统计年鉴》（2008~2017年）。

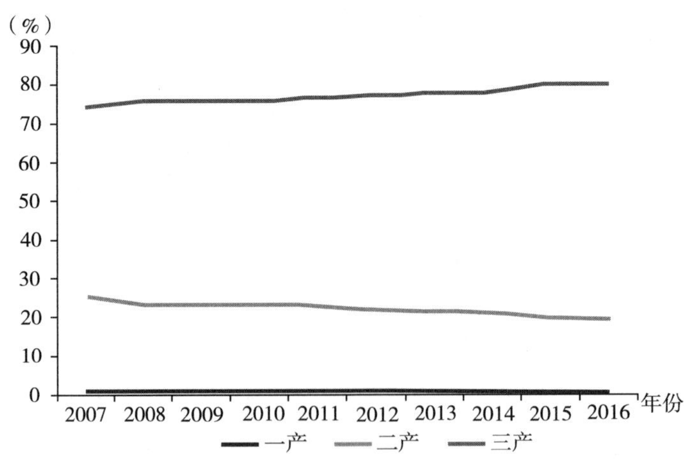

图1-4　2007~2016年北京市产业构成

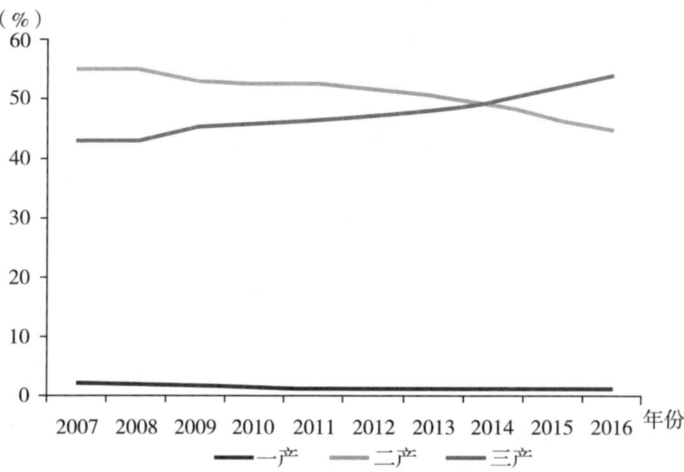

图1-5 2007～2016年天津市产业构成

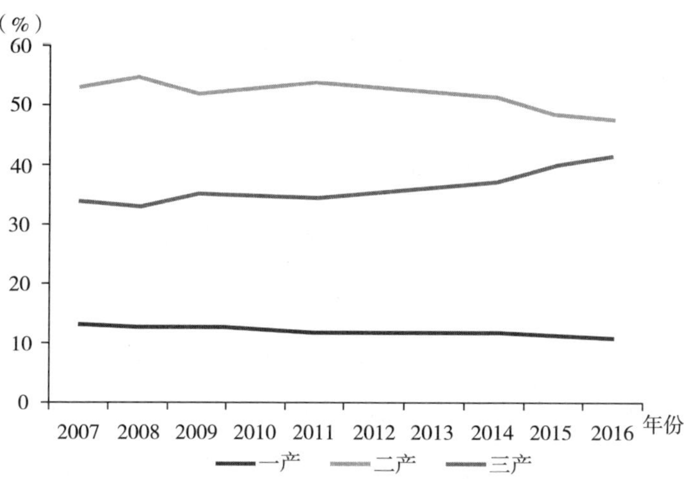

图1-6 2007～2016年河北省产业构成

第二章

相关理论与研究评述

第一节　概念内涵

一、区域经济一体化内涵

“一体化”（Integration）一词来自企业以兼并或者联合等方式实现资源整合、提升竞争力的发展战略，如横向一体化、纵向一体化。随着区域经济学的兴起，区域经济一体化的概念也随之泛化。区域经济学将“区域”的地域范围缩小到一国内部。因此，区域经济学中的“区域经济一体化”不再具有国际合作的概念，而是指一国范围内某特定区域的经济一体化过程，尤其指区域内的经济活动打破区域行政区划的约束而产生紧密联系和高水平经济合作的区域经济发展过程。

国外学者对区域经济一体化还没有形成统一的界定。彼得·罗布森（2001）从国家合作和共同利益的角度进行界定，认为经济一体化是指各成员国凭借自己的相对优势，通过协调共同的发展目标与分工协作，从而比单方面行动获得更多的经济利益的过程。国内学者在总

本章作者：“京津冀经济社会一体化发展指数研究”课题组。

结借鉴国外区域经济一体化研究的基础上，提出了适应中国国情的区域经济一体化发展的理论和观点，将“一体化”定义为消除国家或区域间贸易壁垒和贸易障碍的一个过程，或简单描述为一种发展的状态。千惠雄（2010）认为区域经济一体化的实质是区域内各地区间以市场为纽带，进行分工与协作，在过程上表现为各地区间物质、能量、资本、技术以及人员的流动，最终的结果则表现为各地区生产率、要素收益、产品价格和居民生活水平趋同。田青（2017）从国际区域经济一体化的角度进行界定：经济一体化是指参与者之间充分利用本国的相对优势，通过不断协调和整合而达成的一体化行为，在共同的目标下获得各国在单方面采取行动的情况下所不能获得的经济利益，最终形成一个统一的经济发展整体，从而实现资源的优化配置和制度创新的过程。

二、市场一体化内涵

银温泉和才婉茹（2001）认为，一般可以从三个方面理解市场一体化的含义。其一，它是一种地方市场分割行为的消除。地方市场分割是指一国某区域内各地方政府为了本地的利益，通过费率控制、技术壁垒与行政管制等多种手段，限制外地要素和产品进入本地市场或限制本地要素和产品流向外地的行为，而市场一体化就是指不断消除市场分割的行为或采取的措施。其二，它描述的是一种状态或水平，即在这种状态下，某区域内不同地方的市场主体（或其行为）受到相同的供求关系的调节。其三，它描述的是一个过程或趋势，即在这个过程中，区域内部各地方之间的经济边界逐步消失。与此相反，市场分割是指在某区域内不同地方的市场主体受到不同市场供求关系的调节，各地方之间存在大量的贸易壁垒，各地方之间的经济边界不断得以强化。宁丹（2015）认为，区域市场一体化可以理解为消除“经济边界”之后形成的商品、要素等能够自由流动的统一市场。“经济边界”主要是指各种人为的或者自然形成的市场壁垒。Viner（1950）、World Bank（2009）、吕典玮和张琦（2010）等将市场一体化定义为多国区域经济整合的状态及过程，包括贸易壁垒的削弱、消除，以及生产要素自由流动等，最终体现在生产要素的种类及结构、商品要素价格与居民收入水平趋同。孟庆民（2001）认为，区域经济一体化是市场一体化的过程。这与Giovanni Sartori的观点是相通的。覃成林等（2006）认为，中国改革开放以来的区域经济一体化是与经济市场化相伴的，市场一体化为区域经济一体化提供了前提条件和驱动力。

三、产业一体化内涵

产业一体化是区域经济一体化的重要组成部分，它是在一个产业资源丰富、政府协调机制成熟的区域内，按照产业发展目标及市场经济的要求，运用市场机制协调政府、社会与市场三方力量，加速产业的整合和重组，发挥区域产业资源的比较优势，提高资源的使用效率，从而促进区域产业共同发展、共同繁荣的动态过程。在市场经济条件下，产业一体化是毗连的城市或地区充分发挥经济发展方向的同一性、产业的互补性，促进生产要素自由流动，加速产业的整合与重组，实行地区经济分工与协作，从而以整体优势参与对外竞争。产业一体化的核心内容也是产业一体化最终要达到的目的，即各区域产业之间的分工与协作——既有专业化的分工，又有产业之间的互动与合作，形成具有分工协作的良好运作机制，从而提升整个区域的产业竞争力。

四、交通一体化内涵

王培宏和贺国光（2003）认为，交通一体化是交通运输业综合运输体系建设的需要，是综合运输的未来发展方向。荣朝和、谭克虎（2008）认为，20世纪八九十年代，欧美发达国家在城市化后出现的郊区化现象使得整个社会对交通的需求激增。一方面，城市化所导致的人口集聚致使中心城区变得十分拥挤；另一方面，人们生活的郊区化使得私家车拥有变得十分普遍，在加重各地交通压力的同时，也带来了空气污染、交通噪声、道路安全、土地利用等诸多社会问题。因此，必须关注交通一体化，并首先通过解决城区与郊区、城市与城市之间的路网连接和交通联运问题来实现一体化。交通运输业发展到一定程度后的一体化就是在要求实现全程、无缝和连续运输的同时，建设与之配套的经济、技术和组织系统。

当前，对交通一体化的界定存在着狭义和广义上的两种理解。其中，狭义上的交通一体化主要强调的是各种运输方式与系统的综合集成，通过运输方式和系统的一体化来高效率完成人与货物的空间位移，多式联运和一体化运输是整个交通一体化的核心内容；广义上的交通一体化是交通运输系统内部各组成部分间以及交通运输系统与外部环境间的一体化协调发展。王培宏和贺国光（2003）认为，交通一体化是对交通工具、设施、信息等所有交通资源进行统一的规划、管理、组织和调配，以实现交通运输系统的整体优化，进而做到交通资源的最充分利用和所有交通需求的最大限度满足。付菊红和许云飞（2009）认为，交通一体化是若干地域邻近的国家或地区为了适应社会经济发展的要求，打破国界或行政区划的限制，建立起跨区域的组织机构和运转机制，制定并实施较为统一的政策、法规，来统筹区域间的交通基础设施建设、运输体系和交通信息等的规划、组织、建设、运行、管理和调控等工作，从而实现交通资源在区域内的优化配置，促进交通现代化和交通的可持续发展，以支撑和引导区域社会经济大发展。

五、社会一体化内涵

党的十九大报告高度重视社会建设，从统筹推进“五位一体”总体布局和协调推进“四个全面”战略布局的高度，对社会建设、社会治理问题进行了阐述，明确提出要打造共建共治共享的社会治理格局，要完善公共服务体系，保障群众基本生活，不断满足人民日益增长的美好生活需要，不断促进社会公平正义，形成有效的社会治理、良好的社会秩序，使人民的获得感、幸福感、安全感更加充实、更有保障、更可持续。伴随区域经济的融合与发展，区域经济一体化发展的同时，在社会建设领域的协同发展是区域社会一体化的主要内容，尤其是对于关切民生的教育、医疗、就业、社会保障等政府公共产品供给能力的协调发展、均衡发展，往往成为决定区域一体化成效的关键。

近年来，国内学者就区域社会一体化相关内涵、外延及实践进行了社会学、新经济地理学、福利经济学等多视角的研究。唐亚林（2015）基于产业升级、城市群发展与区域经济社会一体化，指出：构建当代中国区域协同治理的新图景，需要从区域战略规划视角对区域治理政策框架体系进行顶层设计。皮亚彬（2016）建立了一个包含城市拥挤成本的非对称新经济地理学模型，分别从工人、地方政府和中央政府的视角，分析区域一体化的福利效应。研究发现：区域一体化有助于社会总体福利的改善，但对不同经济主体的影响不同；区域一体化总体可以改善熟练工人的福利，但对不可流动工人的影响则取决于其区位。地方政府对区域一体化的偏好取决于其政策目标，若其目标是在“晋升锦标赛”中获胜，则总有地区倾向于市场分割策略；而以本地居民福利最大化为目标时，则两地区有机会通过区域一体化实现共赢。中央政府需要权衡效率和公平之间的关系，在通过区域一体化水平提高经济系统整体效率的同时，也必然会经历一个区域发展差距扩大的阵痛期，需要采取转移支付等措施来缓解区域差距过大带来的负面影响。楚伯微（2016）探讨了京津冀协同发展背景下的社会保障一体化。朱靓雨（2016）认为，目前京津冀三地碎片化的社会保障制度对企业与人员的顺畅流动形成了阻碍。改革三地的社会保障制度，实现三地社会保障制度的衔接与整合，成为当前京津冀一体化的必要前提和迫切要求。周波等（2017）进行了京津冀社会保障区域一体化的研究；张可（2020）基于 1995 ~ 2016 年中国 30 个省级行政区的数据，运用动态空间面板杜宾模型和广义空间两阶段最小二乘法模型验证了区域一体化对环境污染和社会福利的影响。

社会一体化指数是本书区域一体化发展指数的五个一级指标之一。“社会一体化”指数旨在测量区域经济一体化实现过程中所应达到的社会建设、社会融合发展的程度，纳入社会一体化指数也是全面反映区域发展状况的必要选择。

六、生态一体化内涵

随着生态环境对人类生产和生活的影响越来越大，各地区生态环境之间的相互影响也更加深入，关系也更加紧密。区域生产生活当中产生的各类废弃物、有害气体、垃圾、污水，不但对自身产生危害，还通过自然和人为转移，造成其他地区的生态破坏和环境污染。同样，区域生产生活对生态环境中土壤、水、大气的污染，对森林、草原、湿地的损毁，不仅直接影响各地居民的生活质量和身体健康，而且由于传导作用，对另一地居民的生产生活造成损害。因此，区域生态环境一体化是综合整治区域污染、修复区域生态环境的必然选择。由此可以认为，生态一体化是经济发展过程中实现社会效能与生态效能良性循环的最佳手段。区域生态一体化侧重于从生态环境本身的维度衡量不同区域之间的协调与耦合程度。目前，生态一体化指标设置尚无统一标准，学者们着重从自然保护、资源利用及污染防治三个维度展开分析。

七、区域一体化内涵

为了促进经济发展，一些发达国家之间形成了生产交换分工、要素自由流动并具有协调机制的有机整体，保证一定范围内生产要素的自由流动和优化配置即区域一体化的最初形式。区域一体化在国外最早指的是区域经济一体化。随着区域一体化的进一步发展，原来的区域经济一体化概念已经不能完全涵盖区域一体化的全部内涵，一体化过程不仅发生在经济领域，更体现在制度合作方面。近半个多世纪以来，国外学者关于区域一体化的研究已从单纯的经济方面转变为多方面的研究。Scott（2008）认为区域一体化是将不同区域内的生产要素壁垒打破，并进一步弱化其作用，最后消除其界限的过程,最终目的是使生产要素在不同区域内自由流动。Erll(2010）基于区域一体化的多样性，多方位、多角度地研究了区域一体化在全球各地区的实践，并从制度及文化等方面拓展了对区域一体化的认识。国内区域一体化研究的重点主要集中在某些特定区域的一体化研究及区域一体化测度等方面。陈雯等（2021）认为区域一体化是各区域通过分工合作，形成整体效益更大化的发展共同体的过程和状态。

八、区域经济社会一体化内涵

区域经济社会一体化是一个集产业自然形态、制度的主动适应以及公共服务支撑的系统化工程，任何一个方面的缺位都会导致区域资源利用效率不高。区域经济社会一体化是指在推进区域治理过程中，改变只重经济发展而忽视社会发展、只重区域经济一体化而忽视区域经济社会一体化的倾向，更加注重将经济发展与区域经济一体化的成果造福于区域民众，大力推进区域公共服务标准化与均等化进程，通过经济发展与社会发展的有机互动，提供区域经济社会一体化发展的新动力，并塑造区域治理的新发展空间（唐亚林，2015）。从内涵上看，区域经济社会一体化是推进当代中国区域治理的本质要求。

第二节　区域市场一体化相关理论及研究评述

一、市场一体化理论

1. 古典经济学

区域市场一体化的思想可追溯至古典经济学时期。古典经济学的鼻祖亚当·斯密指出，“分工程度由市场范围决定，市场范围由运输效率决定”。这一观点蕴含着统一区域市场有利于整个区域深化分工、提高效率的思想。在当时，运输正是影响市场范围的关键因素。其他古典经济学家如大卫·李嘉图也对国际商品市场一体化进行了系统研究。这些研究主要是从国际贸易的视角进行的。

2. 新古典经济学

在新古典经济学中，市场是一个抽象的概念，交易都在抽象中完成，因此它并不会探讨现实中市场一体化的意义。但新古典经济学所阐释的各种经济效应，可以作为区域市场一体化有利于区域总体经济增长的理论依据。有两种经济效应比较典型。第一种是规模经济。规模经济是新古典经济学成本理论中的重要概念，它指的是厂商由于扩大生产规模、增加产量而使长期平均成本下降、经济效益提高。第二种是范围经济。范围经济是指一起生产几种产品的成本低于独立生产各产品所需成本的总和。

3. 新制度经济学的交易费用理论

1937 年，芝加哥学派的代表人物罗纳德·科斯在《企业的本质》中提出了新制度经济学的重要理论——交易费用理论，而这一理论与市场一体化以及斯密定理有着千丝万缕的联系。交易费用理论指出，利用价格机制是有成本的——发现相对价格是有成本的，每一笔交易的谈判和签约也是有成本的。由此我们可以推论，区域市场一体化有利于或者说就是要使这种成本尽可能降低，从而节约资源。

二、市场一体化研究评述

根据区域市场一体化的定义和内涵，已有研究提出大量方法对其进行测量。区域市场一体化的测度方法分为两大类：动态水平的测度和静态水平的测度。

1. 区域市场一体化动态水平的测度

（1）贸易流法

贸易流法是从区际贸易流量的变化测度区际市场整合状况的方法，区际贸易流量越大表示区域市场整合程度越高，反之越低。

Naughton（1999）、Poncet（2002、2003）等利用贸易流法对市场整合程度进行了测度。Naughton（1999）运用引力模型测算历年来中国省际工业品的贸易流量，认为总贸易流量和部门内部各细分行业间的贸易都增长迅速，这个趋势说明中国工业品市场一体化在不断提升。Poncet（2003、2005）运用边界效应模型度量了中国商品市场一体化趋势和地方保护政策的演化，认为中国省际贸易的边界效应显著上升，市场分割现象存在加剧的可能。黄赜琳和王敬云（2006）运用投入产出表分行业对各区域进行了边界效应测算，得出各地区的地方保护政策还比较严重，各地政府对农业和服务业的保护程度较高，对第二产业的保护程度相对较低。

（2）问卷调查法

该方法是通过个人、企业和政府等有关主体填写调查问卷，获取有关主体对地方市场分割情况的主观判断。国务院发展研究中心“中国统一市场建设”课题组（2005），龚冰琳、徐立新和陈光炎（2005）采用该方法测度全国各地的区域市场分割情况。问卷调查结果均表明，中国省域的地方保护主义随时间推移在显著降低，但烟、酒等行业的地方保护仍比较严重。他们的研究还发现，越贫困的地区，受地方保护主义的阻碍越多，消除地方保护主义将带来显著的经济效益（通常占企业总收入的 4% ~ 9%），因为地方保护主义程度越轻时，其他省份的相对价格越高，其他省份商业环境的相对吸引力越大，企业对其他省份的出口比重也就越高。此外，周国红和楼锡锦（2007）对宁波市 532 家企业进行问卷调查，研究发现，45.7% 的企业与其他长三角地市的企业有较长期合作关系，没有合作关系的占 25.5%，且 64.6% 的宁波市企业和上海等长三角其他地区的企业生产合作比较顺利或很顺利。

问卷调查法的计算过程是，先通过多层次、分类别的问答方式获得企业、政府官员等对市场一体化真实感受的一手材料，将材料数量化处理后，得出区域市场一体化水平。问卷调查法对区域市场一体化信息的直接获取，能够充分反映市场的真实状况。但该方法的经济成本过高，且随着研究样本的扩大，经济成本将以倍数增加，因此该方法只能采用抽样分析，所得结果严重依赖于抽样数据的质量，即使抽样技术可以保证抽样得到的数据质量，该方法对经济成本的客观依赖也难以适用于大部分研究工作。

（3）社会网络分析法

该方法是将城市的非农业人口数、GDP、城市间距离、城市对城市间经济联系的贡献率引入模型，进而测算城市间的经济联系（侯赘慧等，2009）。

（4）时间序列协整法

喻闻和黄季焜（1998）对中国各省份 1988 ~ 1995 年每 10 天的大米价格的协整检验表明，长期来看中国大米市场整合程度相当高，且短期内的大米市场整合水平也越来越高。曹庆林和范爱军（2008）以中国各地猪肉市场的价格为例，采用时间序列做协整检验，结果表明 76.85% 的省份间的猪肉价格不存在协整关系，但省份间的市场联系指数短期内与中心市场的价格存在一定联系。

2. 区域市场一体化静态水平的测度

（1）生产法

生产法是根据经济生产活动中要素投入后的产出效率，及在此过程中形成的产业结构和经济结构等变量，测度区域市场一体化水平。它是从结果反推原因的逻辑方式，如果技术效率越高，以产业结构等反映的分工越合理，则区域市场一体化水平越高。Young（2000）从地区三次产业结构变化趋势，及各地商品零售价格方差等随时间改变的趋势，认为中国在改革开放之后的区域经济分割越来越严重。郑毓盛和李崇高（2003）对中国宏观技术效率的研究，在一定程度上印证了 Young 的结论，认为中国省际资源配置不合理情况正在恶化，表明中国区域市场非一体化的负面影响越来越大。

（2）经济周期法

该方法的逻辑是，区域市场一体化水平越高，在资源自由流动的情况下，地区之间经济周期的变动趋势越相似，联动性越强。Tang（1998）采用结构向量自回归模型研究中国各省份之间经济周期的相关性，结果表明单一的全国经济还没有形成。Xu（2002）从地区经济周期的关联程度出发，对经济增长影响因素按国家、部门和省划分，测度地区之间经济周期相关性强弱，来表示区域市场一体化水平的高低。

（3）价格法

价格是调节市场、发挥市场机制作用的核心要素。地区之间资源自由流动成本越低，相同产品的价格应该越接近，区域市场一体化水平也应该越高。价格法测度区域市场一体化的数学形式主要包括：测度相同产品或要素价格在不同地区变动的协整关系；测度相同产品或要素在不同地区的价差。它的基本理论是修正的“一价定律”（Law of One Price）下的“冰川模型”，即在假定客观存在的物理距离会对产品价值带来磨损的前提下，分析这种磨损的变动，在直观上表现为产品价格在区域间的方差，如果方差增大，则说明区域市场分割严重。

张三峰（2010）基于相对价格法，从衣着、家庭设备用品及服务、医疗保健和个人用品、交通和通信、娱乐教育文化和居住等方面，测度了长三角市场一体化程度。孙博文等（2006）采用相对价格法对长江经济带商品市场的相对价格方差进行测度，发现相对价格方差与商品市场一体化指数呈负相关。陈红霞、李国平（2009）选取1985 ~ 2007年京津冀三省市9类主要商品相对价格的面板数据，采用基于相对价格方差法的市场一体化测度模型，对京津冀地区市场整合程度进行测度。陈甬军和丛子薇（2017）基于相对价格法（价格方差）和主成分分析法，构建综合反映商品及要素市场的京津冀市场一体化协同发展测度体系，利用2001 ~ 2013年11大类商品价格指数和3类生产要素价格指数，研究京津冀市场一体化的历史进程及现状。

（4）边界效应测度法

该方法最早由 Mc Callum（1995）提出，Mc Callum 对加拿大国内贸易，及其与美国之间的贸易量进行测度，认为研究期内两国之间的边界效应非常大。赵永亮和刘德学（2008）利用中国12个大中城市6类消费价格分类指数，计算出方差和协方差值，再从商品类别和区域层面测度边界效应，结果表明，不同商品类别和不同地区价格差的边界效应不同。

（5）主成分分析法

主成分分析法是通过数据分解的方式获得影响变量方差的主要因素，该因素是所有变量的线性组合，由此称为主成分。赵伟和徐朝晖（2005）从贸易、旅游、分工、资本、技术、人力资源、信息等方面的24个二级指标，测度中国30个省份1998 ~ 2002年的国内开放程度，结果显示：东部沿海地区比中、西部地区的区际开放度更高；排名靠前和靠后的省份，区际开放程度差距较大，且有继续扩大的趋势；中、西部各省份间的区际开放度差异较小。周立群和夏良科（2010）采用多指标的因子分析法，测度京津冀、长三角和珠三角的区域经济一体化和市场一体化水平，包括城市间联系度、产品市场同一度、要素市场同一度、政府效能同一度、市场化同一度、经济发展趋同 6 个一级指标、17 个二级指标。主成分分析法是通过数据分解的方式获得影响变量方差的主要因素，该因素是所有变量的线性组合，由此称之为主成分，具体的计算过程参阅文献。

3. 实证测度综述

戴学珍（2002）在研究京津市场一体化时，比较全面地指出了两地要素市场存在四大壁垒及其影响。一是资金壁垒，即两地政府普遍追求本地区产业门类齐全，导致重复建设，不仅不能发挥自己的优势，而且加剧了劣势。二是产权交易壁垒，即本地政府不允许外地企业根据需要联合或兼并本地骨干企业，不允许本地企业外迁，也不允许本地骨干企业自由决定跨地区联合或兼并，甚至强迫其联合本地较差企业。这导致了效率的损失。三是人才壁垒，即档案、工资人事关系、组织关系、户籍等规定将人束缚在局部范围内，导致人才流动受限。四是环境壁垒，即限制一些环境不友好的产业进入本地。这些问题虽然是在研究京津两地时提出的，但对其他地区同样适用，其中前三大壁垒仍是研究热点。如吕典玮（2011）就对京津冀地区的劳动力市场和金融资本市场进行了经验研究。他采用相对价格法测度劳动力市场整合程度，同时引入空间统计 Moran 指数检验京津冀地区市辖区在岗职工平均工资在地理上是否有相关性。检验结果发现，京津冀地区在岗职工平均工资十年间未收敛，1999 ~ 2006 年在岗职工平均工资是随机分布的，2007 ~ 2008 年开始出现工资集聚现象；在研究金融资本市场时，他采用 Feldstein and Horioka（FH）测试模型测度资金流动情况，发现各城市的存贷款率相关性逐年减弱，即信贷资金流动性逐年加强。而面对这些问题，他们提出的对策可以总结为：加强整体意识，打破壁垒；加强市场主导地位。事实上这些与加强商品市场一体化的对策是类似的。

目前对京津冀地区的商品市场的经验研究主要是对整合程度的研究，其中最为常用的方法是相对价格法。陈红霞、李国平（2009）采用这一方法，使用了 1985 ~ 2007 年间京津冀九类主要商品相对价格的面板数据，研究京津冀商品市场整合度。他们发现，在这期间，市场整合水平呈现早期平稳、中期起伏、晚期回归平稳的趋势；但总体看，区域市场一体化水平是倾向于提高的。相邻地区的市场一体化分析显示，京津冀内部的市场整合程度是不均衡的，具体来说就是京津、京冀和津冀三地并没有相同的市场整合度，京津、京冀、津冀的市场整合度是由强变弱的。李冰、余冬根、吴树华（2014）运用此方法并结合引力模型对京津冀地区 2001 ~ 2011 年的边界效应进行了实证分析，通过检验发现，京津冀各城市间的经济发展水平存在着结构性差异；进一步的回归检验结果表明，京津冀各城市间存在一体化的趋势，但城市间也存在着相应的边界效应。在对商品市场一体化的理论研究方面，通常是定性地指出存在的问题，探究其成因，然后就进入规范研究的范畴，即提出政策建议。高景楠（2009）认为京津冀地区的地方经济壁垒依然存在，市场分割严重。而造成这一问题的原因有三个：政府用行政手段干预经济的力量太大；民营经济发展缓慢；现行财税体制使条块分割现象加剧。对此他提出的对策是转变政府职能，建设服务型政府；建立区域经济利益协调机制。

4. 市场一体化评价方法研究评述

通过对测度方法的使用情况进行统计分析可知，相对价格法、贸易流法和生产法使用频率较高。随着数据信息库的完善和计算机技术的引入，相对价格法被使用的频率越来越高。常见的度量方法中，生产法利用产业结构数据进行分析，其数据较容易获取，但其代表性不足。贸易流法利用省际贸易流量来进行衡量，虽解决了代表性不足的问题，但易受其他因素的影响。专业化指数法利用不同地区不同行业的产出数据构造区域专业化指数，虽具有一定的代表性，但本质上和市场整合程度存在差异。调查问卷法主要来源于自我调查，是第一手资料，可以从不同的维度展开分析，但调查周期较长、成本较高，且带有一定的主观色彩。经济周期法用来衡量国家之间的市场整合程度，具有较强的说服力，但经济周期自身与众多的宏观经济因素（包括市场分割等）有关，故存在一定程度的偏差。价格指数法的数据来源简单且包含的信息较为丰富，但省级数据的统计口径并不一致，需要进行有效筛选。

目前，相对价格法是测度市场一体化使用相对较多的方法。根据“一价定律”，商品在没有贸易壁垒和交易成本时，在任何地区的出售价格应当一致；当存在差异时，交易的零成本会使商品流向高价格区域，直至价格相同，市场达到均衡。萨缪尔森（1954）提出了“冰川模型”，认为由于交易成本的存在，两地区的价格会有一定程度的差异，并在一定幅度范围内会有浮动。可见，“冰川模型”是“一价定律”的拓展，更符合现实。该模型的基本思想是，如果两地的相对价格取值不超过一定的区间，可以认为两地间的市场是整合的。Parsleyand 和 Wei（1996、2000、2001）的实证研究开拓了以相对价格的方差 Var（P_i/P_j）变动为观察对象的应用，认为如果方差 Var（P_i/P_j）随时间变化而趋于变窄，则反映出价格波动的范围在缩小，冰川成本 C 降低，无套利区间 [1–C，1–/（1–C）] 在缩窄，两地间的贸易壁垒削弱，阻碍市场整合的因素减少，市场整合程度提高。

第三节 区域产业一体化相关理论及研究评述

一、产业一体化相关理论

1. 区域分工与协作理论

区域分工源于经济利益的不同。区域分工是区域间经济联系的一种形式。由于各个区域之间存在着经济发展条件和基础方面的差异，区域分工可以使相关区域获得资源配置的高效益，并进行专业化生产和区域贸易，从而实现专业化比较利益。早期的分工理论是针对国际分工与贸易提出来的，后来被区域经济学家用于研究区域分工。区域分工理论主要包括：比较优势理论、要素禀赋理论和绝对优势理论。20世纪中期以来，区域分工理论得到了进一步的发展。

（1）比较优势理论

大卫·李嘉图的国际分工理论是比较优势理论的起源。1817年，大卫·李嘉图在《政治经济学及赋税原理》中首次提出了比较优势理论。他认为在生产产品方面，每个国家没有必要生产所有的商品，具有绝对优势的国家可以在多种商品中选择具有绝对优势的商品进行生产，即选择那些优势最大的商品，而不是全部。对于生产所有商品都处于绝对劣势的国家，则可以什么都不生产，或选择劣势程度比较小的商品进行选择性的生产。通过分工与贸易，处于绝对优势和相对劣势的两类国家，通过分工与贸易都可以获得相对丰厚的利益。

（2）要素禀赋理论

要素禀赋理论是瑞典经济学家赫克歇尔·俄林最早提出来的，他将区域分工、区域贸易与各个区域的生产要素禀赋密切联系起来。

要素禀赋理论认为，各国或各区域的生产要素的供给情况不同，即资源禀赋的不同是区域分工或区际贸易的根本原因；而不同区域之间生产效率的差异也是由生产要素资源禀赋的差异引起的。区域间的各个生产要素具有可替代性，各个区域如果密集使用相对低廉的生产要素，就有可能获取比较成本优势，进而形成区域的整体竞争优势，最终通过区际贸易，各区域获得比较利益（陈秀山、张可云，2007）。

（3）绝对优势理论

绝对优势理论最早是由英国古典经济学家亚当·斯密在其1776年出版的《国民财富的性质和原因的研究》中提出来的，并对区域分工的合理性进行了充分论证。绝对优势理论认为，每个区域都存在生产个别产品的绝对优势条件，若各区域按照自身的优势条件进行生产，则均会获得利益最大化。绝对优势理论在早期成为贸易分工理论的基础。

2. 产业集群理论

英国经济学家阿尔弗雷德·马歇尔最早提出了产业集群理论，见于其1919年出版的《经济学原理》。他认为产业集聚会产生外部效应，主要结果不是产业集聚导致产业的空间不断扩展和产业的生产规模不断扩大，而是实现了共享区域的交易费用降低。各级地方政府将产业集群作为区域经济发展的重要支撑点，在制定区域整体发展规划和相关政策时加以考虑。产业集群不仅引起了决策者的关注，同时也引起了研究者的关注。美国管理学家在对美国等十国的产业竞争力进行研究后，提出了“产业集群”的概念。迈克尔·波特认为，国家的竞争优势源于产业的竞争优势。他认为三个方面可以说明产业集群对竞争优势的影响：第一，不断提高区域内企业的生产效率；第二，明确地指出创新的方向和不断提高创新速率；第三，新成立企业扩大和强化集群本身。经济地理学认为产业区位是影响集群的关键因素，强调企业所处的地理位置和功能环境特点对集群形成的影响，其主要代表人物是新经济地理的倡导者克鲁格曼。

3. 产业结构理论

产业结构理论包括配第—克拉克定理和库兹涅茨法则，指各产业间的联系方式、变化规律、关联效应和投入产出关系等。合理的产业结构可以促进生产力的发展，实现产业结构的优化，是经济发展中不断追求的动态发展目标。

（1）配第–克拉克定理

配第–克拉克定理阐明了经济发展过程中的产业结构变化。配第–克拉克定理把国民经济划分为三个产业：农业、制造业、服务业。农业是指广义的农业概念，除了种植业，畜牧业、狩猎业、渔业和林业等也包括在内。配第–克拉克定理的观点可以总结为：在经济发展和劳动生产率提高的情况下，劳动力逐步从第一产业向第二产业转移；当人均收入水平不断提高时，劳动力向第三产业转移。从转移的结果看，分布在第一产业的劳动力数量不断减少，第二、第三产业不断增加。

（2）库兹涅茨法则

库兹涅茨对产业结构演进规律进行了深入的研究。他通过分析不同国家的时间序列数据，对国民收入和劳动力在产业间分布的结构关系进行了研究。研究结果表明：第一产业的国民收入在整个收入和劳动力中的比重逐渐减弱；第二产业的国民收入的相对比重稳步上升；第三产业中劳动力的相对比重大体上在所有国家都呈现升高的趋势，但国民收入的相对比重不一定与其同样变化。

4. 产业布局理论

产业布局是指产业的空间分布和组合。产业布局理论主要研究怎样进行空间布局，使得生产力诸要素的产业活动取得预期的经济效果，包括古典区位论、近代区位论和现代区位论。

（1）古典区位论

1826年，杜能发表《孤立国》，奠定了农业区位理论的基础，代表区位理论逐步形成。

（2）近代区位论

泰勒认为，在生产技能和自然条件无差别的条件下，人们购物主要考虑距离问题，因此形成中心地呈圆形分布，整个区域形成一个多级中心地的有规律的相互交错的复杂空间结构。

（3）现代区位论

现代区位论产生于20世纪70年代。它将整个区域的生产、价格、贸易进行一体化研究，打破了过去只研究区位生产价格和贸易的障碍，研究视角从市场这只“看不见的手”逐步转变为政府宏观调控。

二、产业一体化评价研究综述及评述

1. 国外研究综述

如何对产业一体化进行评价是产业一体化研究的基础和重要组成部分。联合国工业发展组织用产业结构相似系数对各国经济结构的相似度进行了测算（Secchi，1979）。Kurgman（1991）采用地区间行业结构差异度指数对美国部分地区以及部分国家的产业分工度进行了测算。Kmgman（1991）、Venables（1996）构建了新经济地理学的分析框架，并将空间维度引入产业集聚分析中。有的学者在研究制造业活动时，采用相关模型、空间相关系数（Spatial Correlation Coefficient），同时发现这些系数能较好地表现出制造企业的集中性分布特征。从文献研究看，国外学者更多地研究区域经济一体化，很少研究区域产业一体化。

2. 国内研究综述

国内对产业一体化水平的评价方法主要分为两种，即定性分析和定量分析。定性分析主要是从几个方面来衡量地区产业一体化的发展条件，提出产业一体化的方向，其中运用较多的是 SWOT 分析。除了定性分析之外，越来越多的定量方法被引入研究中来。一种是用以测算区域间产业结构的专业化水平，较为常用的评价模型有区位熵（塞风、朱明春，1990）、区域基尼系数（赵蓓，2004）、霍夫曼系数（赵丽、夏永祥，2004）、赫希曼指数（祝尔娟，2009）、行业集中率（刘东勋，2005）等。另一种是研究区域产业发展的分工状况，主要模型包括区域分工指数、工业的区域配置系数、专业化系数、相关系数、相似系数、产业梯度系数、比较劳动生产率等。当然，也有运用模糊数学聚类分析方法来评价区域的产业分工，诸如通过偏离—份额分析方法构建分析模型，或是运用数据包络方法分析产业发展的有效性。尹广萍（2009）用区域经济中经常使用的结构性相似系数、区位熵等产业分析指标，对长江三角洲的制造业和服务业的现状进行了分析，并得出了这两个行业在长江三角洲的分工与协作现状；她还将生产服务业和高新技术产业作为重点分析对象，总结其发展现状，并针对其中出现的问题提出了对策建议。吕典玮和张琦（2010）通过分析工业和第三产业各行业的区位熵，对京津区域产业一体化程度进行了分析。陈先强（2010）对武汉城市圈三次产业结构相似度和规模以上行业区位熵的分析表明，武汉城市圈产业结构的问题主要在于：三次产业结构相似度太高；规模以上工业行业虽已基本形成地域专业化，但优势地位不明显；产业集聚规模小，产业链延伸不充分。为此，陈先强提出促进城市圈产业一体化的主要途径在于突出各城市优势产业，提高产业集聚力，形成产业优势互补，配套、协作发展。禚金吉等（2011）通过产业结构相似系数、区位熵等方法，研究了 1999 ~ 2009 年长三角地区产业结构相似程度及其演变，分析了产业同构对两省一市主导产业发展的影响，然后在理论解释的基础上分析了产业同构与长三角产业一体化发展之间的关系，最后提出了产业同构背景下长三角产业一体化发展的对策。蓝庆新和关小瑜（2016）从京津冀区域经济一体化的目标出发，利用计量模型和产业一体化相关指数，着重分析京津冀产业一体化的现状和面临的问题，应进一步落实京津冀协同发展规划、突破行政体制分割，统筹区域产业发展；加强顶层设计，优化产业布局；促进区域内要素合理流动。张子珍（2016）从城乡产业一体化的状态、城乡产业一体化的动力和城乡产业一体化的保障等层面选取 28 个指标，对中国各区域城乡产业一体化发展进行水平测度，结果发现，中国城乡产业一体化水平由高到低的区域空间分布态势基本与区域经济发展态势、市场化发展程度态势具有一致性；城镇化发展水平并不能完全代表城乡产业一体化发展水平，但它是影响城乡产业一体化实现的重要因子。全诗凡（2016）对区域产业链与京津冀区域经济一体化的关系进行研究，后运用产业链复杂度测度方法和产业链联系度方法，基于 2002 年、2007 年和 2010 年京津冀区域六部门的区域间投入产出表，分析京津冀区域产业链。谢思和谭啸（2017）利用产业结构相似系数分析产业结构相似度，对沈阳经济区的产业一体化进行了研究，发现沈阳经济区存在产业结构趋同问题，并据此提出注重各产业一体化完善产业链条和优化市场环境的建议。

第四节 区域交通一体化相关理论及研究评述

一、交通一体化相关理论

1. 公共产品理论

本节以区域交通一体化的发展问题为研究内容，涵盖了交通基础设施发展研究，在交通基础设施发展研究中更加侧重于探究交通基础设施供给。根据经济学对社会产品做出的界定，交通基础设施归属于公共产品。

公共产品的提供者只有一个，即政府，政府本身具有非排他性和非竞争性，因此在市场机制的作用下，公共产品肯定会存在“搭便车”的现象。反之，如果将市场作为公共产品的提供者，则无法满足市场激励原则，从而使得市场失灵。

为了实现私人供给公共产品，下面将从六个方面探究私人供给公共产品的可能性与路径。第一，给予私人经营权，从而使得进入市场具有一定的障碍，维护了生产者的积极性。在这一过程中政府主要是确定及行使产权。第二，消费公共产品有两种方式，即“平等进入”和“选择性进入”。其中，“平等进入”指大家均可自由消费公共产品；“选择性进入”指消费者需满足一定的条件才能消费公共产品，比如付费后方可使用。公共产品具有的排他性技术以及消费者个人偏好的多样化完全决定了供给方式的选择。一旦公共产品无法像其他物品一样自由进入市场，就表明公共物品在供给方面没有做到把不付费者排除在外，简单来说就是这样的公共产品在经济运行上不可行。第三，由于消费者对公共产品的偏好不同，可以运用价格歧视对不同的消费者进行收费，从技术方面探讨私人提供公共产品的可能性。第四，消费者通过互相订立公共物品供给契约，以达成互相认可的原则来提供公共产品，这就解决了“搭便车”问题。第五，从民营化的理论、背景与实践三个角度，分析公共产品供给如何从公共管理转为民间私人经营，同时也要考虑到在民营化过程中面临的问题与解决方法。第六，通过授权和引入竞争机制，实现公司部门间的竞争与合作，最终达到公共物品供给的“帕累托最优”。

结合我国的国情现状，将公共产品实现产权私有并采取一定的竞争策略，是实现公共产品私人供给的可行办法。公共产品私人供给的可行办法是通过竞争实现公共产品的供给，某种公共产品只对不同消费者分别定价收费，那么其供给就可以从政府转向私人企业，而抑制“搭便车”行为的有效方法是建立专卖权制度。同时，政府、私营和第三方之间不是相互对立的，而是可以合作的，并且可以结成合作联盟，三者一起开展公共产品和服务的有效供给。在这一过程中，政府部门与各种社会力量可以形成相互依存的合作关系。交通基础设施建设的发展，就是从政府单一供给向民营企业或私人投资供给转变的过程，而政府的职能也由投资主体转变为监管主体。这种发展过程完全符合经济学家所阐述的公共产品由政府供给向私人供给转变的轨迹。

2. 交通运输走廊理论

交通运输走廊是由巨大的综合交通枢纽和多条基本平行的高效率交通干线组成，承担着所有空间交通相互作用的廊道状地域空间系统。综合交通枢纽之间相互作用的客货流集聚方式形成了交通运输走廊模式。大都市的形成，往往是在区域内两个中心城市间形成交通运输走廊，然后经济空间沿着交通运输走廊进行扩展，形成区域一体化。多个交通运输走廊的逐渐形成，就是大都市形成的具体过程。如港口群的空间发展可分为六个阶段：第一阶段是港口彼此孤立发展；第二阶段是在港口与内陆中心点之间建立交通干线连接；第三阶段是沿着交通干线的支线发展；第四阶段是港口之间产生相互联系；第五阶段是港口间的联系更加紧密；第六阶段是形成港口群交通运输走廊。

在区域经济发展中，交通运输走廊具有最优的通达性，从而使资源、物流、人流、基础设施及资金沿交通走廊集中。由于出行时间的减少和通达性的提高，客货空间位移的成本得到节约。当交通运输走廊形成后，区域内城市间的空间距离相对缩短，城市间的联系与合作加强，区域一体化的趋势就显现出来。“走廊”通常是区域发展的核心，它能将区域的边界与腹地紧密联系起来，推动腹地经济、社会、文化、政治等方面的发展，从而促进整个区域的发展。

总体来看，在促进区域交通一体化对策方面，国内外学者都以特定都市圈或行政区域为主，开展了有关综合交通一体化政策、实施构想等方面的探讨，但未对研究对象存在的问题进行成因分析，所提出的构想和意见都较零碎和主观，尚未进行系统化和理论化研究，导致研究者提出的对策缺乏系统性和针对性。在交通一体化的条件下，特别是在我国现有管理架构和行政区划管理状况下，需要理论研究与实际相结合，进一步提升解决问题的对策方案的针对性和可操作性。

二、交通一体化研究综述

1. 国外文献综述

国外较早地提出了区域交通一体化理论，并在区域发展中进行实际应用。交通与经济之间协调发展的理论较成熟，其研究更多地集中在区域综合交通运输系统方面，相关研究成果如下。

（1）交通与经济的关系研究

David F. Batten（1989）开始关注交通运输对区域经济发展的影响，认为区域交通运输对当地经济发展起着重要作用，并指出更多的学者已经开始关注两者之间的关系；对交通与经济的关联性研究已经成为经济界学者研究的重要内容。Alfred Weber（1909）在其《工业区位论》的著作中讨论了德国交通与经济发展之间的关联性，认为一个地区的交通发展现状会影响当地工业发展的空间结构，工业元素的空间集聚大多选择交通运输业较发达的区位，因而工业的空间布局将取决于各地区交通运输业的发展程度，最后得出德国的交通发展水平是经济空间结构布局的一个重要影响因素的结论。20 世纪 50 年代，F.Perrous 提出了经济发展的一项重要理论——增长极理论，认为经济增长首先体现在一个产业点上，由产业聚集效应导致经济产值增长，然后再从一个产业点沿着交通路线向周边扩散，带动周边产业发展，最后引发一个区域经济的共同发展，这个产业增长点就是“增长极”。20 世纪 60 年代，德国学者 Werner Sombart 在增长极理论基础上又提出了生长轴理论，他认为一个地区出现了经济“增长极”后，就会在各个极点之间产生大量的人力、物力、资本的交流，当在“增长极”之间完善了交通运输服务后，就会吸引更多的人口与产业集中在这条交通沿线上，使得极点之间的交通线成为当地的交通运输干线，从而将交通干线发展成为一个经济增长带，这就是经济“生长轴”。美国经济学家 Paul Rosenstein-Roda（1964）研究发展中国家的发展路径时提出了一个经济发展的大推进理论，论述了发展中国家摆脱贫困的有效路径，即发展中国家只有走工业化道路才有可能彻底摆脱贫穷，而要走工业化道路，就必须将工业发展需要的人力与原材料集中起来，为人力与物质向着优势产业集聚提供方便条件，因而必须大搞基础设施建设，尤其是交通基础设施建设。只有交通基础设施完善了，才会产生经济发展的规模效应与外部效应，增加能产生收益的其他产业的直接投资，从而实现工业化发展。Jun Carlos Martin 和 Gustavo Nombela（2007）系统研究了西班牙的高速铁路投资对本国宏观经济发展的影响后发现，加大高速铁路的直接投资会带来巨大的外部效应，带动国民经济主体产业的发展，从而刺激宏观经济快速发展。

（2）交通网络设计与规划

交通运输对经济发展的促进作用根源于交通基础设施的建设水平。交通基础设施是一个地区公共基础设施的重要组成部分，交通基础设施能否发挥促进交通运输发展的作用，将取决于基础设施布局的科学性与合理性，这就需要在建设之前做好交通基础设施网络的设计与规划。国外众多学者对交通基础设施网络分布的设计进行了大量研究，多数是以定量实证研究为主，通过构建优化模型，借助数学算法，测定规划方案的科学性与实效性。在交通网络设计优化模型方面的研究中，Ellis-JB（1969）曾提出过一个城市的交通规划方案，将网络设计摆在了规划实施的重要位置，并强调设计方案要具备科学性、全面性、前瞻性与实效性。Friesz（1990）对美国纽约城市群的交通网络设计提出了自己的观点，并运用数学模型对设计出的交通网络布局进行了定量研究。随后，一批美欧的交通工程学者，如 LeBlanc（1975，1986，1988）、Sheffi（1985）、Marcotte（1988，1992）又进一步完善了交通网络设计最优化理论，并对区域交通网络设计（NDP）方法进行了实证研究，然后运用 NDP 方法对各自选择的研究区域进行模拟研究，通过建立数学模型进行数据模拟，提出适合不同地区的最合理、最优越的交通网络设计方案。Yamada 等（2009）对美国加州的航空运输业发展进行了实证研究，设计出一种多模式航空联合运输网络，可提高空运效率50%，充分发挥了空运快捷、安全的特点，大大提高了航空运输的一体化程度。Novak等（2012）对英国大伦敦都市圈的公路运输网络的运行效率进行了实证评价，并提出了一种基于NWB理论的新型公路路网设计模型，进一步发挥了公路运输在城市内及城际客货运输中的重要作用。

除了交通网络设计，交通网络规划也是交通体系构建的一个重要方面。Teler（2005）考察美国不同行政区的交通规划部门在交通网络设计过程中的规划工作时发现，在一个城市群中，上级行政部门的交通网络规划与各地区分级行政部门的交通网络规划方案有很大的不同，各分部门之间的规划方案相通性少，缺乏设计过程的沟通与协调，而法定的合作规划确实能帮助各地区改进交通规划机构间的协作问题。

（3）综合交通运输协调发展研究

早在20世纪50年代，国外学者就提出了综合交通运输理论，并对综合交通运输体系进行了明确界定，认为综合交通运输体系是在各种交通运输方式综合发展基础上形成的：当各种交通运输方式得到大力发展，实现分工合作、协调配合，并按各自的技术特点发挥各自优势相互促进、相互影响，从而实现交通运输体系的构成与布局的科学性和系统性时，这种交通系统就是综合交通运输体系。对于综合交通运输体系的形成过程，很多学者提出了自己的见解。May（1991）指出，交通一体化离不开整个区域的一体化发展，它是区域一体化的产物，并且在区域一体化发展的不同阶段呈现出不同的交通一体化发展特点。Susan Handy（1995）提出，区域综合交通运输体系是区域内各地间交通有机合作的最高形式。Franeiso和Martinez（1995）论证了综合交通运输体系发展过程中的交通建设与土地利用之间的关系问题，指出交通要想可持续发展，在大力建设交通基础设施过程中一定要合理开发利用土地资源。Adib（1998）认为综合交通运输体系的发展一定要把握好公路的发展规模，而公路的发展是相对的，它需要一个合理发展的空间，其规模是各级别公路改造后形成的路网组合。Klaussner（2000）论述了综合交通运输体系发展过程中交通发展与环境保护之间的协调发展问题，指出交通发展初期一方面促进了当地经济发展，但另一方面也会造成当地的环境污染，产生严重的环境治理问题，因此在区域交通运输发展过程中，必须要考虑环境保护，对交通基础设施建设提出更高的环保要求，对交通工具的生产提出更高的排放物控制标准。Boamet（2001）认为区域的综合交通运输体系发展会受到各种条件的制约，其中土地是重要的制约因素之一，政府有关部门应通过制定科学合理的调配政策来协调土地利用与交通运输业发展之间的关系，让土地为交通所用，交通不得妨碍土地的综合产能。Waddell等（2007）将综合交通运输体系的形成与土地利用融合在一起考虑，建立了一个土地利用推动模型系统，将交通出行需求与土地利用结合起来，通过敏感性分析，发现将土地因素纳入综合交通体系发展的分析中，可将交通运输体系产生的效果扩大化。除了土地资源，交通运输业的发展还将与环境发生利害关系：当交通运输业快速发展时，交通运输过程中就会产生大量的排放物，严重污染当地的空气环境，所以综合交通运输体系的发展要循序渐进，保持可持续发展。Karlaftis和Tsamboulas（2012）对纽约城市群公共交通运输综合效益进行了实证研究，提出一种新的测量方法，即先将多种公共运输方式的运输效益进行计量整合，得出不同地区的公共交通综合运输效益，再将各地区的公共交通运输效益进行计量整合，得到整个区域的整体效益。这一研究发现，纽约城市群的公共交通运输综合效益较高，基本能满足当前的经济发展需要。

（4）综合交通的政策措施

20世纪60年代至70年代，国外发达国家的交通运输业发展较快，现代交通业初步形成：交通运输方式已经从单一运输发展为多元化运输，人们开始在各种交通运输方式之间寻求合作，取长补短。为适应综合交通运输发展的新形势，发达国家纷纷制定政策措施，促进两种或两种以上交通运输方式的协同发展。1991年，美国国会首先意识到仅靠一种运输方式已经不能满足经济发展需要，于是颁布了《多式联运与地面运输效率法》，运输政策转向支持发展多种运输方式无缝连接的综合交通运输体系。1998年，美国国会又提出建立一种具有平衡发展、高度可达性、高效率且一体化程度较高的交通运输系统，以保障全球性的经济竞争力。

1992年，欧盟委员会颁布了第一个关于交通运输政策的白皮书，主要目标就是要求欧盟各国开放各自的交通运输市场。这一政策的实施使欧盟各国的交通运输GDP有了大幅度增长。2001年，欧盟委员会意识到1992年的交通运输政策已不适应新形势下的交通运输发展，于是颁布了《面向2010年的欧盟交通运输政策：时不我待》白皮书，提出了60多项成员国需遵守的交通运输政策，并制定了行动计划、评价体系和监管措施。主要可归纳为六个方面：一是优化铁路、公路、海运和水运等运输方式组合；二是强调以人为本，提高公路运输的安全性和一体化运输服务质量；三是改革运输税费标准，降低成员国间或运输方式间的运输成本；四是加快清洁高效的运输技术在一体化运输中的应用；五是提高城市公共交通运输服务质量；六是发展可持续交通运输体系，提高欧盟在全球运输领域中的地位。

新加坡依靠其独特的地理位置，将交通规划得既合理又科学，成为世界著名的航运国家。在城市交通规划上，将土地利用与交通发展紧密结合起来；在交通管理方面，注重利用信息技术强化交通制度建设；在交通服务方面，注重广大群众的参与和支持；在城市发展中，将土地使用与交通建设有机结合起来，构建了科学有序的城市交通管理现状。各种交通方式有机融合，形成了发达的交通网络。其公路、高速路、快速路、地铁及轻轨相互衔接，四通八达，方便了城市居民的出行，从而使新加坡的城市交通发展成为现代大都市交通规划的典范。

日本的交通规划议事委员会提出的交通运输政策可归纳为四个方面：一是展现以人为本的交通发展理念；二是交通建设先发诱导的成功做法；三是交通管理要维护公平的市场理念；四是发展中国家综合交通系统的重中之重在于城市交通建设。日本的交通发展政策促进了本国的社会与经济发展，并为日本有效地应对全球化问题贡献了力量。

综上所述，国外发展综合交通系统的政策措施将现代信息技术应用于交通管理中，整合各种交通运输资源，发挥不同运输方式的优势，实现优势互补、资源共享、无缝连接，将以人为本作为发展理念，将实现综合交通系统的最优化作为发展目标，满足社会经济各行业发展需要，从而促进社会经济全面发展。

2. 国内文献综述

（1）交通一体化的内涵与发展思路

①交通一体化的构成

在探讨交通一体化内涵的基础上，学者们进一步给出了交通一体化的具体构成。王培宏、贺国光（2003）和马寿峰（2003）认为，交通资源的整体优化、交通需求的统一管理以及实现与外围环境系统的协调适应，是构筑人性化、捷运化、信息化和生态化交通空间的三个核心内容，整个一体化建设要围绕这三个核心内容来展开。黄静兰（2005）、付建飞（2007）认为，区域交通运输一体化由交通运输规划建设一体化、交通运输市场一体化和交通运输管理一体化等构成，具体包括由不同交通运输方式组成的综合交通运输体系，交通运输系统内部各种资源的整合关系，交通运输系统与区域经济、社会、环境、资源相互作用形成的大系统，以及区域交通运输的综合管理调控。沈文、李志强（2009）从交通一体化为城市发展和市民生活创造优质、高效、安全和舒适的交通空间的根本目的出发，认为大都市的交通一体化具体表现在交通体系内部整合和外部关联两个方面：内部整合主要强调设施的平衡、运行的协调、管理的统一；而外部关联则在充分重视交通与城市功能提升互动作用的基础上，要求交通发展必须与土地使用以及社会、经济和环境等诸多城市发展领域紧密结合在一起，从而推动城市全面发展。具体来说，主要包括：一是交通系统资源的整体优化，如交通设施的整合、运行方式的衔接、信息的共享与整合；二是交通管理的一体化，如公共客运的运营整合、交通管理的协调及交通管理体制的一体化；三是交通系统与外部关联，如城市总体规划与交通规划同步，交通与社会、经济和环境相互协调。孙孝文（2008）认为，交通一体化是区域经济发展的基础，而实现泛区域交通一体化的关键路径，一是要建立跨省区市政府间的合作联盟；二是要依靠交通职能管理部门的沟通与协调，特别是规范和统一城乡交通相关政策措施来促进“次区域”交通一体化；三是要加快交通信息化建设，为交通一体化提供技术支撑。曾青（2006）、舒适和邵春福（2007）认为，区域交通一体化具体包括观念一体化、规划一体化、政策一体化、市场一体化、管理一体化和信息一体化六个方面。贺国光和马寿峰（2003）认为，一体化建设具体包括交通工程规划与设计、技术支撑、交通政策、交通运输系统和交通环境五个方面内容，其中交通运输系统和交通环境是主体，交通工程规划与设计、技术支撑和交通政策是外围，服务于两个主体，为主体建设提供外部支撑。

在具体建设思路上，李得伟、韩宝明和刘殿仁（2006）重点强调了城市交通一体化建设中的枢纽布局问题，认为整个枢纽系统包括城区级枢纽、组团级枢纽和城际级枢纽三个层级。其中，城区级枢纽可以通过步行、自行车、公共交通和小汽车等多种方式与本枢纽辐射圈内的出行者对接；城区级枢纽和组团级枢纽间及组团级枢纽与城际级枢纽间应依靠轨道、公交车、出租车等公共交通方式实现运输对接；城际级枢纽间则可以通过铁路、公路、航空和港口等体系来实现对接。城市应根据上述枢纽间的交通方式配备组合来发展和建设自己的交通运输综合系统。罗仁坚（2010）强调：一是以加快发展为主题，在发展中进行结构优化；二是充分发挥各种运输方式的优势，发展综合运输网络系统；三是以多种运输方式共存互补的思想，建设综合运输大通道；四是以较高起点进行干线基础设施规划，加快建设交通运输现代化；五是以可持续发展和需求管理的新理念，建设符合我国国情的综合运输体系；六是以干支协调和区域协调的发展思想，完善综合运输网络布局；七是以政策、规划和体制管理的统一性实现运输“一体化”；八是积极推进交通运输的信息化、智能化进程，发展集约型交通；九是以宏观调控和市场化相结合的思想，实现资源的合理配置。

②交通一体化的实践应用

黄静兰（2005）、殷惠（2007）、谭安洛（2008）、李家伟和刘秉镰（2008）结合对交通一体化内涵和建设思路的理解，对中国的交通一体化建设实践进行反思和总结，认为中国各区域的交通一体化建设普遍存在着一些共性问题：一是区域内的交通设施建设缺乏统筹和协调，重复建设、过度建设和衔接难的现象比较严重；二是运输市场分割和交通基础设施建设上的体制分割现象不同程度存在；三是区域内的交通运输管理脱节，缺乏整体协调分工；四是区域内的交通运输信息缺少共享。

基于对交通一体化中存在问题的客观认识和原因分析，学者们给出了各地加快交通一体化发展的基本对策框架。殷惠（2007）认为，要加快城市圈交通一体化发展，必须采取四个有效措施：一是要统筹规划安排城市圈内各城市间交通基础设施的建设；二是要加强圈内各城市政策、交通管理部门的协调；三是要给予城市圈的交通一体化发展更优惠的政策支持；四是要建立统一的信息平台及信息技术标准。李家伟和刘秉镰（2008）认为，推动交通一体化发展的关键在于制度建设，包括在交通基础设施建设中引入市场竞争机制，建立跨区域利益补偿机制，在基础设施的经营上建立合作模式，建立统一的交通运输管理制度和规划，合理设置城市群交通运输权威性管理机构，建立一体化规划机制及互动协调式的规划组织方式。

具体到各地区的实践，学者们主要探讨了三类地区的交通一体化问题，并根据各自的实际情况提出了相应的对策。

一是对京津冀、长三角、珠三角等重要经济区域的交通一体化的思考。舒适和邵春福（2007）指出，京津冀区域交通一体化发展的基本思路是“加密一圈、突出二轴、协调三中心和建设四系统”。其中，“加密一圈”指加密都市圈交通网络，提高网络质量，构筑区域性综合运输体系基本框架；“突出二轴”指以综合运输大通道建设为重点，突出“京津交通轴”和“环渤海产业带发展轴”两条交通主轴的建设；“协调三中心”指以功能结构调整为主线，协调北京、天津、石家庄三个综合运输枢纽的关系和发展；“建设四系统”指以协调发展为基本立足点，重点建设北京市放射信息系统、城际轨道交通系统、港口集疏运系统和都市圈交通建设协调管理系统。李卫宁（2006）认为，长三角地区要实现交通一体化，一是要加强港口的一体化建设，明确区域内所有港口的市场定位，增加港口间的联动和互补；二是要科学规划区域内的综合运输主通道和主枢纽的建设；三是要全面落实资源节约型、环境友好型社会的建设要求。邵瑛（2012）提出的长三角交通一体化发展策略包括：优化运输结构，构筑大容量、集约化的轨道交通网络；加强区域协作，强化海空集成的国际航运中心地位；提升服务水平，打造以高速公路为骨架的区域公路网络；加强有效衔接，构筑无缝换乘的综合交通枢纽。对于珠三角地区，章权、陈冠雄和温惠英（2010）认为，推进交通一体化的战略措施主要包括：尽快整合珠三角区域交通相关规划，编制交通基础设施网络与综合运输体系规划；以扩大内需为契机，加快完善珠三角综合交通枢纽建设；加速建设智能交通系统（ITS），为珠三角交通运输管理一体化提速；逐步建立大交通管理体制，使各种运输方式协调、快速、可持续发展；深化粤港澳交通运输合作，加快推进粤港澳交通一体化。

二是对北京、上海、江西等省市交通一体化的思考。针对上海市的交通一体化发展，陆锡明（2006）提出“畅达空间”的理念，认为应着重通过高等级道路和发展大容量的轨道交通来实现“畅通”，通过加强支网建设、规划合适的停车设施以及发展覆盖面广的公交网络来实现“易达”，同时建立与“畅达空间”相适应的交通模式和政策体系。陆锡明、顾煌（2008）进一步提出节约型“畅达空间”的一体化战略，认为上海市应形成“1+2+3+4”的交通格局，即一个交通信息平台、两个国际枢纽（即创建世界一流的航运枢纽港和航空枢纽港）、三个区域交通网络（即综合公路、铁路、水路网络）、四个市域交通系统（即形成以公共交通系统为主、机动车系统和慢行交通系统为辅、货运交通系统为特色的市域交通系统）。在一体化交通战略指引下，上海市要在中心城区建成轨道网络，促成公交主体模式；郊区城镇以公交引导新城开发，建设完备交通设施，形成多式并举模式；外部区域竭力推进复合通道，满足正常需求增长，培育城市群交通圈，最终建设一个网络便捷、枢纽高效、全域畅达的巨型交通体系。万华（2008）对江西省的交通一体化做了研究，指出江西省要在服从国家整体规划的基础上，进一步加强与浙江、广东、福建等相邻省份的交通设施衔接规划工作，对省内“一斜两纵四横”的公路、以“十字架”为主的铁路和以赣江及鄱阳湖为主的水路等运输设施不衔接的车站、港口和路段进行统一规划，使其满足一体化的需求。

三是对县域城乡交通一体化的思考。孟兆国（2005）通过对山西省洪洞县的研究认为，县域城乡交通一体化规划涉及综合交通线路规划、线路交叉口规划、桥梁规划、客货运系统规划和静态交通设施规划五部分内容。其中，综合交通线路规划主要包括新建线路、提升线路等级、县乡公路整合等内容；线路交叉口规划是对现有铁路、高速公路和一级公路沿线的道路交叉口进行合理设计，以降低未来交通线路改造的难度和成本；桥梁规划的主要任务是对现有桥梁设定合理的改造目标，结合县域综合交通线路规划和社会交通流量，预测新建桥梁的规模和等级；客货运系统规划以最大化推动城乡交通运输业发展为目标，进行综合交通线路布局建设，实现县域客货运系统的城乡一体化；静态交通设施规划以各种站场规划为主，在城镇体系结构规划和县域产业布局规划指导下，主要结合城镇、乡驻地、农业服务基地村、资源采掘服务基地村、旅游服务基地村等人类聚居实体来进行布置。曾小明等（2006）通过对佛山市的研究认为，加强城乡公交一体化建设的重点是：以居民点较大的乡村为基本连线节点，以镇为转换枢纽；重要的公交走廊实行“大站快车”的运行模式；要重视乘客的换乘；郊区交通与市区公交相融合。

（2）交通一体化的发展评价

交通网络的发展状况及其对经济社会发展的适应性和交通一体化程度的科学量化，是学者准确客观评价交通基础设施发展水平及交通一体化对社会经济影响的前提条件。本部分主要从对区域路网发展水平的评价、对交通一体化程度的评价和交通一体化与经济发展的关系三个方面来进行文献梳理。

①对区域路网发展水平的评价

路网建设水平、道路运输系统发展与区域经济发展密切联系，是区域经济发展的重要影响因素。路网发展的水平及其与当地经济社会发展的适应性，就成了交通经济研究者关注的重要问题。张志清、金光浩和范怀玉（2007）对公路网的现状适应性做了专门探讨，构建出一套评价公路网现状适应性的指标体系，认为评价公路网现状适应性应综合公路网的结构性能和交通性能两个主要维度来展开。其中，结构性能可以通过路网规模、结构和布局三个方面来反映；交通性能则主要体现为服务水平和运输效率。基于所构建的指标体系，他们对北京市公路网的现状适应性做了分析，发现北京市的公路网总体上与现实经济、人口、土地面积相对应的理想规模存在一定差距，并揭示出北京市公路网现状适应性低的重要原因：一是路网等级结构与运输结构矛盾突出；二是公路网的地区分布不合理；三是公路网功能层次不明确；四是公路网布局结构不尽合理；五是综合运输体系没有形成；六是综合效益没有发挥出来；七是主要对外出入口通道能力不足。

②对交通一体化程度的评价

对于交通一体化程度的评价研究，有的文献从交通运输的总体层面探讨了评价指标体系的内容；有的则在探讨指标体系的基础上选取某地作为案例，对交通一体化程度做了科学测度；还有一些文献主要关注交通一体化中的客运、运输网络、运输效率等某个层面的状况。

在评价指标体系构建上，马银波（2005）、付菊红和许云飞（2009）分别基于他们所理解的交通一体化内涵，提出了自己的评价指标体系。如马银波认为，交通一体化应包括交通发展、运输发展、物流发展和运输可持续发展四个逐层递进的层次。在交通发展上，评价指标要体现支线的通达密度、网络的覆盖密度、交通时间压缩和交通设施的无缝连接；在运输发展上，评价指标需要增加经济流动性、运输质量与效率和运输无缝连接的内容；在物流发展上，评价指标进一步增加了可靠性和灵活性及无缝连接；在运输可持续发展上，评价指标需要增加交通的可持续性、交通与环境的和谐程度等内容。付菊红和许云飞认为，交通一体化的评价指标大致包含 5 个方面：一是政策一体化指标，包括统一税率、统一规费和消除区域歧视、健全地方利益政策；二是管理一体化指标，包括协调机构、协调机制的有无，协调功能、协调效用的大小；三是规划建设一体化指标，包括规划建设的合理性、统一性、协同性、环保性等；四是运营一体化指标，包括运营的公平性、网络性、集约性、互助互利性以及和谐性；五是信息一体化指标，包括信息的共享性、开放性、公益性和个人隐私信息的安全性。

③交通一体化与经济发展的关系

“增长极理论”“点—轴理论”等都说明交通基础设施的发展建设和交通的一体化是区域经济发展的重要影响力量，二者之间存在着密切关系。研究交通一体化与经济发展关系的文献大多从三个方面展开了研究：一是交通对区域经济发展的影响；二是交通对区域经济一体化的影响；三是交通一体化和区域经济一体化的调适关系。具体如下。

关于交通对区域经济发展的影响，李文荣和赵学勇（2003）从运输方式、交通网络和交通条件三个方面阐释了交通对区域经济发展的影响，认为运输方式会影响到运费，而运费则决定着经济活动的区位和产业布局；交通线路和网络是加速区域空间结构形成的动力，是空间结构的初始框架；交通条件影响着区域经济发展——“内涵交通”影响开发战略和发展能力，“外延交通”决定区位条件和区际联系，交通状况决定区域的可达性和开放性。关兵（2012）测度了不同交通运输方式对重庆市经济的影响，结果发现：一是公路、铁路、港口、民航四种交通方式对城市经济发展的有效性都呈现了上升趋势；二是四种交通方式的有效性呈现出铁路、港口、航空、公路依次减小的格局；三是港口与公路有效性的变化较大，说明这两种交通运输方式的发展模式一直处于探索阶段，并未形成系统稳定的发展模式；四是铁路、港口一直是重庆市的主导交通方式，对城市经济贡献值较大，但随着经济发展，二者的有效性越来越受到公路、民航发展滞后的制约。

关于交通对区域经济一体化的影响，有些学者从全国层面进行了探讨。刘生龙和胡鞍钢（2011）基于一个引入交通变量后的引力模型，利用 2008 年交通运输部省际货物运输周转量的普查数据，对交通基础设施在中国区域经济一体化上的影响做了验证，发现交通基础设施的改善有力地推动了中国区域贸易的发展，进而促进中国区域经济的一体化。黄森（2014）基于所构建的空间经济理论模型，探讨了交通基础设施与区域经济相互作用的机理。吴旗韬等（2010）计算了港珠澳大桥开通后珠三角区域可达性空间格局的变化，探讨了港珠澳大桥对中心城市时间和费用可达性的影响。其分析结果表明，在珠三角中心城市中，香港和珠海的时间可达性提高最多，而对其他城市的影响则较弱；港珠澳大桥的开通可极大减少香港和珠海运往珠三角西岸和东岸的费用。基于时间和费用可达性的变化，其认为港珠澳大桥的建成能提升珠江口西岸地区的区位优势，促进区域融合和经济发展。香港的商贸和服务业优势在大桥开通后会进一步凸显，西岸地区的旅游业和房地产业也会不断受益。

关于交通一体化和区域经济一体化的调适关系，刘秉镰、赵金涛（2005）和殷惠（2007）认为，交通运输发展和区域经济发展之间的关系有三种：第一种是交通运输发展是区域经济发展的“引致需求”，即区域经济发展是因，交通运输发展是果；第二种则强调交通运输发展在区域经济发展上的促进作用，即交通运输发展是因，区域经济发展是果；第三种是对前两种认识的综合，认为交通运输既是区域经济发展的原因，也是区域经济发展的结果，即二者间存在互为因果的关系。刘秉镰和赵金涛（2005）利用 1978 ~ 2003 年的统计年鉴数据，采取“Granger 因果检验”，对我国不同地区的交通运输与区域经济发展的因果关系进行了分析。刘海洲、周涛和张石石（2008）认为，交通投资对经济增长促进作用不明显的原因有三个方面：一是交通投资不适当导致其作用无法有效发挥；二是交通投资对其他生产性投资的“挤出效应”；三是技术等无形生产要素的高速发展使得交通投资的经济增长作用被弱化。当然，也有研究结果支持交通运输在经济增长上的重要促进作用。孟德友等（2013）以县域为分析单元，在运用投影寻踪模型对 2003 年和 2008 年河南省内各县市的交通优势度和经济发展水平进行综合评价与比较分析的基础上，采用耦合协调度模型对河南省县域交通优势度与区域经济发展水平的协调性进行了研究。

其研究发现，2003 ~ 2008 年，河南省各县市的交通优势度与县域经济耦合作用强度普遍较高，且呈现明显增强的态势，但多数地区交通与经济发展的协调度还有待提升，大多数县市交通发展水平超前于经济发展水平。彭晗、孙志强和周威（2014）基于所建立的耦合分析模型，对河南省 18 个地级市 2002 ~ 2011 年交通运输与经济发展的协调度进行了计算分析。其结果显示：2002 ~ 2011 年，河南省地级市的交通运输与经济发展的协调度水平，与其经济发展水平之间存在一定的空间对应关系，即两系统综合发展水平高的地区，二者的协调度也高。李康奇和冯明兵（2015）对重庆市的研究结果显示：2004 ~ 2013 年，重庆市的交通运输与经济发展处于基本协调状态并相对比较平稳，但是距离完全协调还有一定差距。

（3）交通一体化发展的对策

祝宝君（2005）研究分析了沈阳经济区交通一体化发展问题，并提出交通一体化发展对策：一是要尽快建立一体化的交通管理体制；二是要建立高层次的政府协调机构；三是要为交通一体化的顺利发展营造良好的法律环境；四是要规范区域内一体化交通运输市场；五是要实现交通运输信息的区域性互通共享。贺玉龙等（2006）提出了北京城乡交通一体化发展的对策建议，认为需要建立政府职能部门之间职能划分与合作的法律体系，通过法律法规制度，使北京城乡交通一体化发展模式在跨部门实施时做到有法可依。付建飞（2007）研究了城市圈内交通一体化发展与经济发展的相互作用，并提出了加快交通一体化发展的对策。沈文、李志强（2009）论证了交通一体化的重要作用和意义，在此基础上提出交通一体化就是交通系统资源整合、交通信息系统整合以及各种交通运输方式的衔接，同时要注重交通与城市功能提升的互动作用，交通必须与土地使用、社会、经济、环境等诸多方面紧密结合在一起，才能真正实现交通资源的优化。姜革锋（2010）以内蒙古综合交通运输为研究对象，提出了交通一体化发展的四点对策：一是要建立区域性的运输大通道；二是要努力构建区域性交通基础设施网络；三是要实现区域交通运输管理服务一体化；四是要实现交通运输管理服务信息化。冯玫、刘瑶（2011）研究了京津冀城市群基于特色产业发展的交通一体化建设，提出了交通一体化发展的对策。

第五节　区域社会一体化相关理论及研究评述

一、社会发展相关理论基础

1. 公共产品理论

公共产品理论作为一种系统的理论产生于 19 世纪 80 年代。公共产品（Public Goods）是相对于私人产品（Private Goods）而言的。其概念由林达尔最早提出，后来萨缪尔森在 1953 年和 1954 年的两篇论文中对其加以发挥，成为公共经济学研究的核心问题。由于不同学者的研究视角不同，以及公共产品涉及范围的边界划分比较困难，因此并未形成公认的概念。现代经济学广泛接受的是萨缪尔森提出的定义，即公共产品就是所有成员集体享用的集体消费品，社会全体成员可以同时享用该产品；而每个人对该产品的消费都不会减少其他社会成员对该产品的消费（萨缪尔森等，1996）。

从公共产品的分类来看，学者认为，公共产品分类遵循的最基本准则是非竞争性和非排他性。所谓非竞争性，是指公共产品一旦被提供出来，就不可能排除任何人对它的不付代价的消费。所谓非排他性，是指公共产品一旦被提供出来，增加一个人的消费不会减少其他任何消费者的受益，也不会增加社会成本，其新增消费者使用该产品的边际成本为零。根据这样的属性特征，一般将公共产品分为纯公共产品和准公共产品（包括俱乐部产品和共同资源）、混合产品和公共中间品、整个社会共同消费的公共产品和地方性公共产品（黄恒学，2009）。

公共服务、社会保障等社会建设领域大都属于公共产品范畴。同时，公共产品理论也是指标选取，划分政府、市场、社会之间的边界，促进资源和机会在社会建设不同领域公平合理配置的重要理论基础。

2. 新公共管理理论

新公共管理理论是 20 世纪 70 年代西方国家应对财政危机、政府信任危机，解决与后工业社会不相适应的行政官僚体制的产物，以对原有的行政管理体制进行彻底的改革。最早提出新公共管理概念的是英国学者克里斯托弗·胡德（1990），他将新公共管理的特征概括为：向职业化转变、标准与绩效测量、产出控制、单位的分散化、私人部门的管理风格、纪律与约束。

我国学者陈振明（2000）将新公共管理内容归纳为：①让管理者进行管理（强调职业化管理）；②衡量业绩（明确的绩效标准与绩效评估）；③产出控制（项目预算与战略管理）；④顾客至上（提供回应性服务）；⑤分散化（公共服务机构的分散化和小型化）；⑥引入竞争机制；⑦采用私营部门的管理方式；⑧改变管理者与政治家、公众的关系。

胡德（1991）在《一种普适性的公共管理》一文中指出，从 20 世纪 70 年代中期以后，英国以及其他经合组织成员国纷纷掀起政府改革运动，他将这些改革运动称为新公共管理运动，认为这些改革运动虽然具体举措不同，但是所遵循的理念是相似的。在胡德看来，新公共管理的理念包括：第一，放手给专业管理者，让高层管理者对结果的达成承担责任；第二，明确绩效标准与衡量，界定公共服务目标、目的，确定成功的数量化指标；第三，更加重视产出控制，将资源分配和奖励与绩效测量挂钩，打破官僚体制范围内的集权式的人事管理；第四，将公共部门分解成更小单元，打破以前庞大的单元，将其变成以产品为中心的企业化小单元；第五，强化公共部门内部竞争，实行任期合同和公共招标程序；第六，重视企业式的管理风格，扬弃公共服务的军队式管理风格，增加人员雇佣和奖惩制度的弹性；第七，强调资源运用上的节制与节约。

新公共管理理论摒弃传统的公共行政，奠基于经济学和管理学架构起来的方法论。其理论的基本思想是把政府职能的市场化作为政府改革的努力方向，重新界定政府的角色，将公共服务等政府职能推向市场化和社会化，并引入竞争机制，提高公共服务等政府职能的效率和质量，在公共部门引入私人部门的顾客导向和绩效评价等方法。

3. 治理理论

治理（Governance）一词既古老又现代。说其古老，是因为从13世纪起它就在法国阶段性地流行过，曾长时间与“统治、政府、指导、指引”等词语联系在一起。说其现代，是因为到20世纪90年代，“治理”一词才在一些政策性出版物上被广泛提及，具有丰富的现代性内涵。当然，总的来说，“治理”仍是一个难以准确界定的概念。

治理理论的创始人英国学者罗德·罗茨认为，治理意味着“统治的含义有了变化，意味着一种新的统治过程，意味着有序统治的条件已不同于以前，或是以新的方法来统治社会”。法国著名治理理论研究者让-皮埃尔·戈丹（2010）认为，治理是一种联邦制度的服从性和企业文化的结合，它促进了机构、企业和协会之间的谈判式合作的多样化。美国著名治理理论家库伊曼和范·弗利埃特（1993）认为，治理是指它所要创造的社会结构或秩序不能由外部强加，它之所以发挥作用，要依靠多种相互发生影响的行为者的互动，而这种互动是由参与者共同的目标支撑的。

我国治理研究学者俞可平（2000）认为，西方的政治学家和管理学家之所以提出治理概念，主张用治理代替统治，是因为他们在社会资源的配置中既看到了市场的失败，又考虑到了国家的失败。在全球化、国际化、市场化、信息化的世界浪潮下，面对纷繁复杂的经济发展和社会进步难题，凯恩斯主义、新自由主义等理论普遍存在政府失灵和市场失灵，各国政府面临不同程度的危机，它们试图寻求解决这些难题的良方。

20世纪90年代，治理理论的提出与建构，为各国政府改革提供了一个崭新的理论视角，与以往单独用政府或者市场的一元视角，抑或是“政府+市场”或“政府+社会”的二元视角形成鲜明的对比。总的来说，治理理论为寻求政府、市场、社会的重新定位，为推进政府改革、行政管理体制创新、地方政府自治等提供了强有力的理论分析工具，同时也是研究公共产品或公共服务供给方式和体制的重要理论。从本课题研究来说，治理理论能够为推动社会一体化提供更开阔、更宏观的思路。

二、国外相关社会建设评价指标体系综述

在人类步入现代社会后的很长一段时间内，人们一直把社会发展等同于经济发展，简单地用国民生产总值等经济指标来衡量、评价一个国家或地区的社会发展水平。20世纪60年代中期以后，随着经济的高速发展，许多社会问题（环境污染、犯罪率上升、社会动荡等）

日趋严重，这使许多人开始认识到这种以单纯的经济观点来评价社会发展水平的做法是片面的。国民生产总值反映了经济总量的增长，并没有反映社会发展的全面状况。要真实地反映社会发展的全面状况，必须采用一种更为全面、综合的评价指标体系才行。基于这种新的发展观，许多国际组织、国家政府及学者们开始探索和设计这样一种综合性的社会发展综合评价指标体系。从 20 世纪 60 年代中期至整个 70 年代，在世界范围内迅速形成了一个被称为“社会指标运动”的研究高潮。到 80 年代，已有 80 多个国家及国际组织建立了各种社会发展指标体系，有关著作达上万种。

当然，国际上并没有与国内的“社会一体化”完全等同的概念，因而也缺乏专门的社会一体化绩效评估指标体系。但这些综合的、与“社会”相关的指标体系，对于制定社会一体化发展指数具有积极的参考意义。

1. 联合国及其附属机构制定的社会相关指标体系

联合国及其附属机构制定的社会指标体系主要包括联合国开发计划署的人类发展指数、联合国千年发展目标、联合国经济合作与发展组织社会指标体系、联合国社会和人口统计体系、世界银行的世界发展指标。这些指标的特点是将人类社会发展的基本成就尽可能地运用可操作的指标进行测量。世界发展指标体系包括人口、环境、经济、政府与市场、全球联系五大主题。其中，人口主题的指标维度包括：人口与统计、劳动与就业、贫困与收入、教育、健康。环境主题的指标维度包括：土地利用与农业生产、能源生产与利用、城市化、碳排放、对真实储蓄的估计。经济主题的指标维度包括：国民经济核算（当地货币）、国民经济核算（美元）、衍生国民经济核算、购买力平价、贸易、政府财政、货币、国际收支平衡、外债。政府与市场主题的指标维度包括：投资环境、工商业环境、金融深度、税收与贸易政策、国防开支与武器贸易、运输、电力与通信、信息与技术。全球联系主题包括：投资与贸易、资金流量、发展援助与帮助、OECD（经合组织）国家中的外国劳动力与人口、旅游与旅游业。

2. 各主要国家政府制定的社会指标体系

（1）美国

美国商务部、人口普查局编制的“美国社会指标”是一种规划性指标体系。它包括人口与家庭，健康与营养，住房与环境，交通运输，公共安全，教育与训练，工作，社会治安与福利，收入与生产率，社会参与和社会活动，文化，闲暇与时间利用等大类，有 61 个二级指标和众多的三级指标。

（2）日本

日本的“国民生活指标”包括三部分内容。第一部分：生活领域，包括健康、环境与安全、经济安定、家庭生活、劳动与工作、学校生活、地区与社会活动、学习与文化活动。第二部分：关心领域，包括国际化与生活、信息化与生活、高龄化与生活、城市化与生活、国民生活的差距、家庭与社会病理。第三部分：主观意识，这部分指标内容来自民意测验或舆论调查，目的在于从人们的主观意识和心理方面来了解国民的生活意识和需求。

（3）英国

20 世纪 60 年代末，英国中央统计局开始注意社会统计，并在美国“社会指标运动”的影响下着手准备编辑社会指标刊物。70 年代初，英国第一本刊物《社会趋势》问世，以后每年定期出版一册。《社会趋势》中的社会指标体系包括以下 11 个领域：人口，交通运输，通信与环境，资源与支出，就业，闲暇，收入与福利，卫生保健与公共安全，教育，住房，法律实施。

（4）德国

德国的社会指标体系分为10个目标领域和56个目标量纲，以及众多的具体指标。10个目标领域分别是：人口，社会的地位和变动，就业和工作条件，收入和收入分配，消费，交通，住宅，健康，教育，公众参与。

三、国内相关社会建设领域评价指标体系综述

近年来，国内学者在社会领域提出的主要指标体系包括社会发展综合评价指标体系、小康社会及和谐社会指标体系。本书主要参考的指标体系包括：国务院发展研究中心全面建设小康社会指标体系、中国社会科学院全面建设小康社会指标体系、国家统计局全面建设小康社会统计监测指标体系。

1. 基于社会建设及政府绩效测评理论的指标体系

（1）学者提出的社会建设及政府绩效测评指标体系

社会学家陆学艺（2008）将社会建设划分为两个层面：第一个是实体建设层面，包括社区建设、社会组织建设、社会事业建设、社会环境建设等；第二个是制度建设层面，包括社会结构的调整与构建、社会流动机制建设、社会利益关系协调机制建设、社会保障体制建设、社会安全体制建设、社会管理体制建设等。郑杭生等（2008）则认为社会建设应主要包括社会公共事业、社会建设基本制度、社会公平与公正等规范体系建设、社会秩序、社会管理水平等内容。薛君（2011）在综合了上述理论观点的基础上，提出了一个由实体建设、规范体系建设和制度建设三个维度组成的社会建设指标体系。其中，实体建设指的是通过提供公共产品和服务满足人们的公共需求，规范体系建设是通过深层

理念和意识形态的建设形成共同的道德、规范和价值观，制度建设则是通过对越轨和冲突行为的预防及控制使社会更加有序与和谐。

陈天祥教授（2009）开辟了学者研究政府社会建设绩效评估指标体系的先河。他以投入、管理过程、产出及结果的框架模型，以党的十七大报告第八个专题“社会建设”内容为依据，综合考虑政府管理的实际，从当代政府绩效评估所蕴含的民众本位的价值取向出发，引入公民满意度指标的设计，构建了5大领域67项指标。

李晓壮（2011）认为，地方政府社会建设绩效评价，即是对地方政府及其组成部门在推进社会建设过程中，运用科学的方法、标准和程序，考核、研判其所取得的“政绩”的评价，是对社会建设结果的评价。根据构建地方政府社会建设绩效评价体系的系统性、可行性、独立性、易操作性，以及社会建设之间的内在逻辑关系，确定地方政府社会建设绩效评价体系框架应包括民生社会事业绩效、社会管理绩效、社会结构绩效、社会规范绩效4个领域，共计28个指标。

（2）北京市社会建设指标体系

北京市政府早在2007年就成立了推进社会建设工作的专门机构，即北京市社会工作委员会（北京市社会建设办公室）。2011年12月，《北京市“十二五”时期社会建设规划纲要》正式出台，这是全国第一个省级社会建设规划。其围绕社会服务、社会管理、社会参与、社会环境、社会关系五大体系建设，提出了“十二五”时期北京市社会建设的28项核心指标。其中，社会服务包括：城镇居民人均可支配收入年均增长率，农村居民人均纯收入年均增长率，城镇登记失业率，城镇职工五项保险参保率，城镇居民养老、医疗保险参保率，提供各类政策性保障住房，全市从业人员平均受教育年限，城乡居民平均期望寿命增加，全市养老床位数，每千名常住人口执业（助理）医师数，人均体育场地面积，基层公共文化设施建设覆盖率。社会管理包括：城市社区规范化建设达标率，城市网格化社会服务管理覆盖率，社区服务管理信息化网络覆盖率。社会参与包括：每万人拥有社会组织，社会工作从业人员 / 专业人才，注册志愿者，基层自治组织选举的居（村）民参与率。社会环境包括：市民公共行为文明指数，亿元地区生产总值的生产安全事故死亡率，重点食物安全检测抽查合格率，药品抽验合格率。社会关系包括：群众安全感指数，和谐社区（村镇）创建率，和谐企业创建率，基层社会矛盾纠纷调处率，信访事项按期办结率。

（3）广东省社会建设指标体系

广东省发展改革委与统计局从 2005 年起即开始实施《广东省社会建设综合评价指标体系》，对该省社会建设工作起到了促进作用。2011 年广东省委、省政府下发《关于加强社会建设的决定》后，由广东省社工委牵头，在原《广东省社会建设综合评价指标体系》的基础上，起草制定广东省社会建设考核评价指标体系。2013 年 7 月 16 日，广东省社工委第一次全委会审议通过了《广东省社会建设综合考核指标体系》。其包括社会事业、社会安全、社会公平、社会参与 4 个一级指标和 37 个二级指标。其中二级指标包括：规范化幼儿园达标率，城镇登记失业率，城镇居民人均可支配收入，农村居民人均可支配收入，基本社会保险覆盖率，每万人拥有收养性社会福利单位的床位数，住房保障工作目标责任完成率，每万户籍人口接受服务的残疾人数，每万人医师数，环境卫生绿化指数，符合政策生育率，每万人拥有的公共文化设施面积，体育工作达标率，城市每万人公交车辆拥有量，城镇人口所占比重，每万人拥有城乡社区服务设施数，基本公共服务支出占地方公共财政支出比重，应急管理工作，治安刑事指数，食品重点品种监测总合格率，药品安全指数，交通、火灾死亡人口比率，生产安全指数，每十万人群体性事件数，人民调解指数，法律援助率，城乡居民人均收入发展速度与人均 GDP 发展速度之比，城镇居民人均可支配收入与农村居民人均可支配收入之比，城镇最高最低组别收入比，进城务工人员随迁子女平等接收义务教育指数，城市民族工作，行政复议案件按时办结率，社会组织工作，社区参与指数，每万人拥有持证社工人数，志愿者工作指数，已建工会企业工资集体协商建制率。

2. 基于社会全面发展的指标体系

国务院发展研究中心全面建设小康社会指标体系包括 4 大主题 16 个指标。其中，经济主题包括：人均国内生产总值、非农产业就业比重、恩格尔系数、城乡居民收入；社会主题包括：基尼系数、社会基本保险覆盖率、平均受教育年限、出生时预期寿命、文教体卫增加值比重、犯罪率、日均消费性支出小于 5 元的人口比重；环境主题包括：能源利用效率、使用经改善水源的人口比重、环境污染综合指数；制度主题包括：廉政建设、政府管理能力。

国家统计局全面建设小康社会统计监测指标体系包括 3 个维度 15 个具体指标。其中，经济发展包括人均 GDP、科研经费支出占 GDP 比重、第三产业增加值占 GDP 比重、城镇人口比重、失业率（城镇）；社会和谐包括基尼系数、城乡居民收入比、地区经济发展差异系数、基本社会保险覆盖率、高中阶段毕业生性别差异系数；生活质量包括居民人均可支配收入、恩格尔系数、人均住房使用面积、5 岁以下儿童死亡率、平均预期寿命。

中国社会科学院全面建设小康社会指标体系包括 5 个一级指标和 28 个具体指标。其中，社会结构指标包括第三产业从业人员比重、城镇人口占总人口比重、非农业增加值占 GDP 比重、出口额占 GDP

比重、教育经费占 GDP 比重；经济与科教发展指标包括人均 GDP、人均社会固定资产投资、工业企业总资产贡献率、城镇实际失业率、科研经费占 GDP 比值、人均教育经费、每万人专利受理量；人口素质指标包括人口自然增长率、每万名职工的专业技术人员数量、每万人口在校大学生人数、大专以上文化程度人口占 16 岁以上人口比重、每万人医生数、平均预期寿命；生活质量和环保指标包括恩格尔系数、人均生活用电量、每百户电话拥有量、每百户拥有电脑量、工业“三废”处理率、农村饮用自来水人口占农村人口的比重；法制及治安指标包括每万人刑事案件立案数、每万人治安案件发案数、每万人拥有律师数、每 10 万人交通事故死亡人数。

四、社会建设相关测评指标评述

从已有研究来看，大部分与社会建设领域相关的指标体系都开发了较为全面的测度指标，不同的指标体系侧重社会建设的不同领域。

学者们提出的指标体系根据理论框架的不同，可以划分为两种基本类型：一种是基于社会建设理论的指标体系，另一种是基于政府绩效考评理论的指标体系。这两种指标体系为社会发展尤其是社会建设领域概念的厘清、内涵与外延的明确，做出了开创性的界定。而且，这些指标都建立起了具有一定理论基础的概念框架。对于后来的研究者而言，这些指标体系给出了很好的研究思路和研究方向，但个别指标的设计在可操作性上略显不足。

地方政府执行社会建设领域的指标体系，目的是推动当地社会建设工作，不是用来反映社会建设水平。因此，地方政府采用的指标注重社会建设领域，与期待的目标有一定差距。

第六节 区域生态一体化相关理论及研究评述

一、生态一体化的内涵

生态文明是指人们在改造客观物质世界的过程中，遵循自然规律，积极改善和优化人与自然、人与人之间的关系，建设有序的生态运行机制和良好的生态环境所取得的物质、精神和制度方面的成果的总和。生态文明的实质是人与自然的和谐相处，是人类社会实现可持续发展的必由之路。从制度建设的角度看，生态文明作为对工业文明的超越，代表了一种更为高级的人类文明形态。

生态一体化是指以大系统观为指导，消除区域内各个地区之间在生态环境管理政策、享受权益以及资金投入上的差异，将区域生态环境作为一个整体进行综合治理，最终实现区域内生态环境的整体提升和改善。

二、相关研究综述

随着生态环境对人类生产和生活的影响越来越大，各地区生态环境之间的相互影响也更加深入，关系也更加紧密。区域生产生活当中产生的各类废弃物、有害气体、垃圾、污水，不但对自身产生危害，还通过自然和人为转移，造成其他地区生态破坏和环境污染。同样，区域生产生活对生态环境中土壤、水、大气的污染，森林、草原、湿地的损毁，不仅直接影响各地居民的生活质量和身体健康，而且由于传导作用，对另一地居民的生产生活造成损害。因此，区域生态环境一体化是综合整治区域污染，修复区域生态环境的必然选择。由此可以认为，生态环境一体化是指以大系统观为指导，消除区域内各个地区之间在生态环境管理政策、享受权益以及资金投入上的差异，将区域生态环境作为一个整体进行综合治理，最终实现区域内生态环境的整体提升和改善。

目前，关于生态一体化的研究取向主要有以下几种：第一种是城市空间布局与生态环境协调关系。第二种是城镇化与生态环境之间耦合关系研究。第三种是生态环境与贫困之间的关系研究。第四种是生态环境与某种化学排放物和粮食作物之间关系研究(阎大颖，2007；孙平军，2014；方创琳，2016）。总体而言，以上这些都是从生态环境与经济社会某一方面之间关系的维度进行比较研究的案例。本次研究则侧重于区域生态环境一体化，更强调从生态环境本身的维度测量区域之间的协调和耦合程度，目前，生态环境一体化指标设置尚没有统一标准，张海鹏等在城乡生态环境一体化指标设置方面做出了一些尝试性的研究，他用自然资源保护指数、垃圾处理、水资源利用率和环境水平四个指标来测度生态环境一体化，对四个指数加权平均得到某地生态一体化数据（张海鹏，2014）。

本研究参照上述提供的指标构建情形，以及区域二元相对独立的特点，城市区域更强调控制污染源，农村地区侧重保护自然生态及生物资源多样性。我们按照资源保护，环境利用，然后污染防治的思路将城乡一体化生态环境评价指标体系中的二级指标划分为三类：一是自然资源保护，二是资源环境利用，三是污染防治。依据二级指标及生态一体化所应涵盖的层面，首先，自然资源保护涵盖大气、植被、水、土壤等内容，参考指标数据的可获得性，可设立三级指标城乡绿化覆盖率（四季森林覆盖率、自然保护区比重），水资源开发强度（流域水系水质状况、农业用水效率），土地退化指数（水土流失与旱涝盐碱治理率、荒山荒地占国土面积比重）；其次，同时考虑到近期流行的对环境保护统一评估的重要参数——单位 GDP 能耗的重要性日益突出，故将此项指标纳入其中，资源环境利用可设立三级指标能源资源节能降耗水平（单位 GDP 能耗等），城乡水资源利用（安全饮用水普及率），空气质量负荷指数（二氧化硫排放量、化学需氧排放总量）；最后，污染防治可设立三级指标废弃物处理指数（弃物综合利用率、城市生活垃圾无害化处理率、工业废水治理设施处理能力），环境污染防治综合投资指数（区域环保支出占财政支出比率）。

第七节 区域经济社会一体化发展相关理论及研究评述

一、产业发展与区域经济社会一体化研究

学者从产业发展与经济社会一体化的层面进行了相关研究。冯凌和杨玉英（2012）认为旅游业与经济社会一体化融合是产业发展的新趋势，伴随着城市化和工业化推进，宁夏产业经济、城乡环境和交通建设等为旅游发展奠定了坚实基础，应依托经济社会发展战略、融合传统产业优势、挖掘地域资源特色，努力将宁夏打造成为旅游、文化与经商贸之区。唐亚林（2015）认为当代中国区域治理的内涵演进，经历了从计划经济体制下“行政区经济”到市场经济体制下“区域经济一体化”再到科学发展观下“区域经济社会一体化”的阶段性演变，并呈现区域产业结构的调整与升级、区域大中小城市群与小城镇的发展、区域经济社会一体化发展“三位一体”要素的耦合特征。袁富华（2020）认为根据

发达国家经验，经济社会一体化内生于现代化过程之中：即社会发展的制度化建设由技术创新和管理创新推动，并作为新一轮创新的条件和规范存在，以此促进经济效率改进与制度质量提升的良性互动，报酬递增的发展本质蕴含在这种机制之中。与工业化时期重积累、重产出的技术理念不同，经济社会一体化的要点，在于围绕社会政策制定实施经济政策是发达国家转型和城市化可持续的关键。

二、城乡发展与区域经济社会一体化研究

学者对城乡发展与经济社会一体化内涵的解析分别从社会发展史、区域空间规划以及经济社会协调等层面进行了阐述。第一，从社会化发展史角度，学者们认为城乡经济社会一体化是城乡关系发展的必然趋势，一个地区的生产力达到一定阶段后，城乡关系会逐步由对立走向融合（Marx，1958）。周加来（2001）对农村城镇化、城市化、城镇化、城乡一体化等概念的内在联系和区别进行了辨析，认为城乡一体化是在生产力高度发达的条件下，城乡间在经济、社会等方面实现协调发展的过程，它是城市化的最高阶段，不能超越城市化发展阶段而存在。第二，从区域空间发展的角度，学者们认为城乡经济社会一体化指随着劳动力、资本、土地等生产要素在城乡间自由流动，城乡的空间界限、传统差别逐渐模糊（Douglass，1998）。陈学云、史贤华（2011）认为伴随着农村城市化（农业产业化、农民市民化、农业信息化）、市郊区化（人口、产业等向郊区转移）的推进，使得农村具有城镇特色，城镇兼具农村气息，城乡间的界限逐渐模糊。第三，从经济社会协调发展角度，学者们认为城乡经济社会一体化发展不

仅要求城乡经济差距缩小，更要求城乡间的公共服务配置均衡以及城乡间的经济协调、社会协调同步提升。迟福林（2009）认为城乡基本公共服务均等化是缩小城乡收入差距、实现统筹发展的先决条件。吴根民（2014）提出城乡间基础教育、医疗卫生、社会保障、基础设施等公共服务方面的差距导致城乡收入差距持续扩大，消除城乡二元结构不能只关注城乡间经济的协调发展，更需要加强农村基础设施的建设、公共服务的供给。邓婕（2018）在城乡经济社会一体化的视角下，基于城乡二元金融结构主要特征的研究基础，提出在经济社会一体化背景下农村金融模式的发展核心思想与基本思路和制度建设的相关建议。

第三章

区域经济社会一体化发展指数的构建

第一节　指标的形成与分析

一、指标选取的基本原则

一是针对性原则。所选取的指标能够直接反映所要研究的问题，如一体化发展程度评价指标直接反映各种交通方式之间的衔接与各行政区之间的对接水平；一体化运行效率评价指标直接反映各种交通方式的投入与产出水平；经济增长水平评价指标直接反映经济各方面的增长现状。

二是独立性原则。对于反映特定含义的指标，要在初选后择优选取，将具有交叉性或相似性的指标进行剔除，保证所选指标是相互独立的，代表的特性相互间没有重叠性。

三是完整性原则。在初选指标时，要求全而不求优，要全面地反映目标的各个方面，然后对初选指标进行优选，保留那些具有代表性

本章作者：“京津冀经济社会一体化发展指数研究”课题组。

又没有交叉的指标。

四是客观性原则。选取的指标要能客观反映存在的问题，对分析目标起客观作用。

五是可度量性原则。为便于计算指标，以保证评价结果的客观公正，尽量选取能代表一定特性的可量化指标，或将定性指标进行量化处理后变成可量化指标，尽量不选择定性指标。

六是可操作性原则。选取的量化指标要能得到真实有效的数据，定性指标值的确定要具有一定的说服力，以达到目标评价过程的科学合理。

二、指标的选取过程

评价指标体系的构建是“具体—抽象—具体”的辩证逻辑思维过程。一般来说，这个过程可大致分为四个环节：理论准备、评价指标初选、指标体系的修正、最终指标的确定。本课题指标的形成经过了广泛深入的调研论证。

1. 理论准备

在构建一套区域一体化发展指数指标体系之前，应查阅和整理与区域一体化相关的文献和理论。课题组在查阅大量文献后发现，对区域一体化发展的研究多集中在产业一体化、市场一体化、交通一体化、社会一体化以及生态一体化等领域。由此，课题组深度了解 5 个相关研究领域的基础理论，以全面掌握该领域描述区域一体化指标体系的基本情况。

2. 评价指标初选

课题组结合现有文献的客观指标以及相关理论和方法，从产业一体化、市场一体化、交通一体化、社会一体化以及生态一体化 5

个方面进行了区域一体化发展指数指标的初选。在区域一体化发展指数指标体系初选环节，课题组采用访谈法、文献分析法等进行了广泛调研，并集中开展了专题咨询，构建了区域一体化发展指数指标体系的框架。即在一些已存在的包括产业一体化、市场一体化、交通一体化、社会一体化以及生态一体化等一级指标的基础上，对二级指标进行聚类，使之系统化；再将归类整理的二级指标划分成若干个三级指标，使每个一级指标都可以用具体的统计指标来描述。

3. 指标体系的修正

构建指标体系不仅包括指标遴选，还包括指标权重的科学确定。在对区域一体化发展指数指标进行初选的基础上，为了增强考量的科学性、合理性，课题组进一步对设计的评价指标体系进行了修正。采用问卷调查法征询了有关专家的意见，对专家的意见进行统计、整理、分析和归纳，客观地综合多数专家的经验与主观判断，对初步设定的评价指标进行调整。经过多轮意见征询、反馈和调整后，完成对评价指标体系的修正。

4. 最终指标的确定

经过理论准备、评价指标的初选、指标体系的修正，最终的区域一体化发展指数指标涵盖了产业一体化、市场一体化、交通一体化、社会一体化以及生态一体化 5 个一级指标、12 个二级指标、44 个三级指标。

第二节 区域经济社会一体化发展指数的构建

根据区域经济社会一体化要素结构分析，本研究确定区域经济社会一体化发展的 5 个测度一级指标，见表 3–1。

表3-1 基于区域经济社会一体化发展指数指标体系

一级指标	二级指标	三级指标
区域市场一体化发展指数	商品市场价格指数	粮油价格指数
		肉禽蛋奶及水产品价格指数
		蔬菜价格指数
		干鲜瓜果价格指数
		烟酒价格指数
		服装鞋帽价格指数
		家庭设备及日用品价格指数
		医疗保健和个人用品价格指数
		交通和通信价格指数
		文娱及教育价格指数
	要素市场价格指数	城镇单位在岗人员平均工资
		居住价格指数
		固定资产投资价格指数
		住宅平均售价
		办公楼平均售价
		商业营业用房平均售价
区域产业一体化发展指数	横向产业一体化	产业结构相似系数
		行业分工指数
		产业集聚度指数
区域社会一体化发展指数	社会结构差异水平	地区城镇化率差异系数
		城乡收入比差异系数
		劳动适龄人口占比差异系数
	社会保障差异水平	城镇职工基本养老保险参保人数占比差异系数
		城镇职工基本医疗保险参保人数占比差异系数
		最低生活保障人数占比差异系数
	公共服务差异水平	财政性文化体育、传媒支出占比差异系数
		人均地方财政教育支出差异系数
		每万人执业医师数差异系数
		每万人发明专利数差异系数
		每万人社会组织数差异系数

续表

一级指标	二级指标	三级指标
区域生态一体化发展指数	自然资源保护指数	城乡绿化覆盖率
		水资源保护指数
		土地保护指数
	资源环境利用指数	空气质量负荷指数
		水资源利用效率
		能源资源降耗水平
	污染防治指数	废弃物处理指数
		环境污染防治综合投资指数
区域交通一体化发展指数	枢纽覆盖水平	省际周转覆盖度
		客运枢纽覆盖度
		货运枢纽覆盖度
	交通网络运输水平	省际可达性
		区内可达性
	综合交通发展水平	综合路网密度

由于这 5 个一级指标所涉及的领域各异，因而本研究分别对 5 个一级指标进行具体研究，得出了 5 个指标各自的测度指标体系，并初步确定了具体的测度方法。

第三节　区域市场一体化发展指数的构建

一、指标体系

本研究借鉴价格法的基本视角来测度区域市场一体化的水平，将不同地区同类产品（要素）的价格差异作为评价市场一体化的重要标志。

在充分考虑商品市场一体化和要素市场一体化对于区域市场一体化的重要意义，以及依据数据的可得性和权威性的前提下，本研究选取商品市场价格指数和要素市场价格指数作为市场一体化指数的二级指标；依据指标的权威性、代表性和数据的可得性，确立粮油价格指数、肉禽蛋奶及水产品价格指数、蔬菜价格指数等10类商品价格指数为商品市场价格指数的三级指标；并确立城镇单位在岗人员平均工资、居住价格指数等6类生产要素的“价格指数”，作为要素市场价格指数的三级指标，见表3–2。

表3-2　　区域市场一体化发展指数指标体系

一级指标	二级指标	三级指标
区域市场一体化发展指数	商品市场价格指数	粮油价格指数
		肉禽蛋奶及水产品价格指数
		蔬菜价格指数
		干鲜瓜果价格指数
		烟酒价格指数
		服装鞋帽价格指数
		家庭设备及日用品价格指数
		医疗保健和个人用品价格指数
		交通和通信价格指数
		文娱及教育价格指数
	要素市场价格指数	城镇单位在岗人员平均工资
		居住价格指数
		固定资产投资价格指数
		住宅平均售价
		办公楼平均售价
		商业营业用房平均售价

二、评价方法

如前文所述，本研究以不同地区同类商品（要素）的价格差异水平作为对区域市场一体化程度的判断依据。在评价方法上，本研究以差异系数法（Coefficient of Variation）测度不同地区同类商品（要素）

的价格差异水平。

差异系数也称变差系数、离散系数、变异系数，用 CV 表示。它是一组数据的标准差与其均值的百分比，是测算数据离散程度的相对指标。差异系数由于是相对差异量数，它既可用于不同单位资料的差异比较，也可用于不同水平的同类现象的差异情况比较。最常用的差异系数是由皮尔逊提出的。其计算公式如下。

$$CV = \frac{S}{M} \times (100\%)$$

式中，S 为标准差，M 为平均数。

差异系数通常用标准差计算，因此，差异系数也被称为标准差系数，其计算公式如下。

$$CV = \frac{\sqrt{\dfrac{\sum_j^n (y_i - y)^2}{N}}}{\bar{y}}$$

式中，CV 为差异系数，$\sqrt{\sum_j^n (y_i - y)^2 / N}$ 为标准差，y 为变量数值，$\bar{y}$ 为平均值，N 为变量个数。

第四节　区域产业一体化发展指数的构建

产业一体化强调通过产业转移、产业集聚等，使不同的优势产业在不同的地区发展壮大，形成区域产业按照资源禀赋合理分工布局的态势。产业一体化要求只有当区域内各城市的产业基础、资源禀赋客观上存在一定的差异，才能在一体化进程中通过产业分工达到优势互补，使资源和市场得到有效对接。这种基于互补化、差异化布局的产业一体化已经成为区域产业发展的一个重要趋势。纵向的产业一体化模式主要是建立有效的产业链，并延伸产业链，在区域内调整产业链合理分工，实现区域内产、供、销的有效结合，形成产业纵向一体化的形态。基于区域分工与协作理论、产业集群发展理论等，产业一体化应按照产业横向一体化和纵向一体化两个维度提出产业一体化发展评价指标体系（见表 3–3）。

表3-3 区域产业一体化发展指数指标体系

一级指标	二级指标	三级指标
区域产业一体化发展指数	横向产业一体化指数	产业结构相似系数
		行业分工指数
		产业集聚度指数
	纵向产业一体化指数	产业链复杂度指数
		联系程度指数

本研究在综合现有产业一体化研究成果的基础上，根据可行性和可比性原则，采用横向产业一体化指标，作为衡量京津冀产业一体化发展的最终指标。

一、产业结构相似系数

产业结构相似系数是用来比较不同区域的产业结构，来说明区域间的产业布局是否存在差异。即以某一地区的产业结构为基础，通过计算相似系数，对两地区产业结构的同构化程度进行衡量。从动态来看，如果系数不断上升，则产业结构有趋同的趋势；反之，则趋异。如果两个地区的产业结构相似系数高，说明两个地区的产业结构趋同，存在重复建设。产业结构相似系数的计算公式如下。

$$S_{ij}=\sum(X_{ik}\times X_{jk})/\sqrt{\sum X_{ik}^{2}\times\sum X_{jk}^{2}}$$

式中，S_{ij} 表示 i 区域和 j 区域的产业结构相似系数。X_{ik} 和 X_{jk} 分别表示 i 区域和 j 区域第 k 种产业在本区产业结构中所占比重。通常情况下，0< S_{ij} <1。S_{ij} 值越大，说明两个区域的同构度越大。当 $S_{ij}=1$ 时，说明两个区域的产业结构完全一致；当 $S_{ij}=0$ 时，说明两个区域的产业结构完全不一致。

二、行业分工指数

国内外学者运用不同的方法对产业同构程度判断进行了大量研究，Krugman（1991）对行业结构趋同与分工相联系进行了研究，提出了地区间行业分工指数，计算公式如下。

$$K_{ij}=\sum_{k}\left|v_i^k-v_j^k\right|$$

其中，K_{ij} 是 i 区域和 j 区域的区域分工指数，v_i^k 和 v_j^k 分别表示 i 区域和 j 区域的第 k 种行业占各区域的不同产业总产值的比重，$v_i^k=E_i^k\Big/\sum_k E_i^k$，$v_j^k=E_j^k\Big/\sum_k E_j^k$，$E_i^k$ 为 i 区域 k 行业的工业总产值，E_j^k 为 j 区域 k 行业的工业总产值。如果 i 区域和 j 区域的产业结构一样，$K_{ij}=0$；如果 i 区域和 j 区域的产业结构完全不同，$K_{ij}=2$。K_{ij} 的阈值范围为 [0，2]。指数值越大，表明两个区域的分工程度越高，说明行业结构差异程度越高，区域分工程度则越强；反之，结果相反。

三、产业集聚度

产业集聚度又称为地方专门化率或专业化指数，是表明某地区某行业的生产专业化水平的指标，间接反映区域间经济联系的结构和产业。它建立在区域比较优势理论基础上，由哈盖特首先提出并运用于区位分析中，来衡量某一个区域产业结构与全国总体平均水平的差异。产业集聚度是长期以来得到广泛应用的衡量地区专业化水平的重要指标，常被用来判断一个地区的专业化部门和主导产业。产业集聚度可以在同级的区域之间比较，也可以在不同级区域之间比较，是目前衡量地区产业集群常用的指标，一般用区位熵（Location Quotient）来测量。对某个地区的产业集聚度进行分析，有助于该地区正确把握优势产业，从而促进区域产业的优化升级，提高产业的竞争优势，间接反映区域间经济联系的结构和产业，计算公式如下。

$$LQ_{ij}=\frac{X_{ij}/\sum_{i=1}^{n}X_{ij}}{\sum_{j=1}^{m}X_{ij}/\sum_{i=1}^{n}\sum_{j=1}^{m}X_{ij}}$$

其中，LQ_{ij} 表示 i 区域 j 行业的区位熵，X_{ij} 表示 i 区域 j 行业的国内生产总值，$\sum_{i=1}^{n}X_{ij}$ 表示 i 区域所有行业的生产总值之和，$\sum_{j=1}^{m}X_{ij}$ 表示全部地区 j 行业的国内生产总值之和，$\sum_{i=1}^{n}\sum_{j=1}^{m}X_{ij}$ 表示所有行业、所有地区的国内生产总值之和。$LQ_{ij}<1$，说明该产业的集群化水平较低；$LQ_{ij}>1$，则说明该产业的集群化程度较高。指数越大的地区，该产业的集群化程度越高。

第五节　区域交通一体化发展指数的构建

目前，国内外对区域交通一体化发展评价指标体系和评价方法的探讨仍不多见，对于交通运输系统的评价往往也局限于某一种运输方式或某一规划方案的评价。本章在综合现有区域交通一体化研究成果的基础上，按照枢纽覆盖水平、交通网络运输水平、综合交通发展水平三大维度，尝试建立一套相对全面、适用可行的区域交通一体化发展评价指标体系，从而对京津冀交通一体化进行综合评价分析，见表 3–4。

表3-4　区域交通一体化发展指数指标体系

<table>
<tr><th>一级指标</th><th>二级指标</th><th>三级指标</th><th>四级指标</th></tr>
<tr><td rowspan="13">区域交通一体化发展指数</td><td rowspan="8">枢纽覆盖水平</td><td rowspan="2">省际周转覆盖度</td><td>客运周转量（亿人·千米）</td></tr>
<tr><td>货运周转量（亿吨·千米）</td></tr>
<tr><td rowspan="3">客运枢纽覆盖度</td><td>铁路客运量（万人）</td></tr>
<tr><td>公路客运量（万人）</td></tr>
<tr><td>民用航空客运量（万人）</td></tr>
<tr><td rowspan="3">货运枢纽覆盖度</td><td>铁路货物运量（万吨）</td></tr>
<tr><td>公路货运量（万吨）</td></tr>
<tr><td>民用航空货运量（万吨）</td></tr>
<tr><td rowspan="3">交通网络运输水平</td><td rowspan="2">省际可达性</td><td>节点平均交通里程</td></tr>
<tr><td>节点平均旅行时间</td></tr>
<tr><td>区内可达性</td><td>区位优势度</td></tr>
<tr><td rowspan="2">综合交通发展水平</td><td rowspan="2">综合路网密度</td><td>铁路密度</td></tr>
<tr><td>公路密度</td></tr>
</table>

其中，需要合成的指标如下。

客运枢纽覆盖度 = 客运规模最大的车站 / 港口年旅客发送量，发送量越大，客运枢纽覆盖度越高。

货运枢纽覆盖度 = 货运规模最大的车站 / 港口年货物发送量，发送量越大，货运枢纽覆盖度越高。

航空枢纽覆盖度 = 民航客运规模最大的机场年旅客发送量，发送量越大，航空枢纽覆盖度越高。

节点平均交通里程：$D_i = \frac{1}{N}\sum_{j=1}^{n} D_{ij}$，$D_i$ 表示节点 i 的平均交通里程，值越小，表示节点可达性越优；D_{ij} 表示节点 i 和 j 间的最短交通里程；

N为节点数。连通度越高，一体化程度越高。

节点平均旅行时间：$A_i = \frac{1}{N}\sum_{j=1}^{n} T_{ij}$，$A_i$为节点$i$的平均旅行时间，值越小，表示节点的可达性越优；$T_{ij}$表示节点$i$通过交通网络中时间最短的路径到达节点$j$的最短旅行时间。

综合路网密度 =（铁路里程 + 公路里程 + 水运里程）/ 地区面积，综合路网密度越大，交通可达性、方便性就越高。

第六节 区域社会一体化发展指数的构建

本研究认为，京津冀经济社会一体化的过程是一种跨地区、跨组织、跨文化的复杂的合作创新活动，是涉及产品创新、技术创新、管理创新、制度创新等多方面、多层次相互支持、联动创新的有机整体。京津冀一体化经济社会发展指数，以实现京津冀区域协同发展为目标，通过构建京津冀一体化协同发展模型，旨在促进京津冀城市群空间优化与质量提升，推动京津冀地区建设世界级科技创新和产业创新中心，树立城市群发展标杆，探索中国城市群一体化建设评价体系及方法，引领中国参与新一轮产业革命和科技竞争。

一、评价指标

本研究设计的区域社会一体化指数是指为实现区域经济社会一体化所应具备的社会基础性的、区域社会一体化的客观条件。该指数包括社会结构差异水平、社会保障差异水平、公共服务差异水平三个二级指标，这三个二级指标又分别由 3 ～ 5 个三级指标构成（见表 3–5）。

表3-5　区域社会一体化评价指标体系

一级指标	二级指标	三级指标
区域社会一体化发展指数	社会结构差异水平	地区城镇化率差异系数
		城乡收入比差异系数
		劳动适龄人口占比差异系数
	社会保障差异水平	城镇职工基本养老保险参保人数占比差异系数
		城镇职工基本医疗保险参保人数占比差异系数
		最低生活保障人数占比差异系数
	公共服务差异水平	财政文化体育、传媒支出占比差异系数
		人均地方财政教育支出差异系数
		每万人执业医师数差异系数
		每万人发明专利数差异系数
		每万人社会组织数差异系数

社会结构差异水平考察的是区域社会结构领域（主要指资源与机会分配）的均衡性，选取了地区城镇化率差异系数、劳动适龄人口占比差异系数、城乡收入比差异系数、基尼系数、中产阶层人口占比差异系数 5 个三级指标。

地区城镇化率差异系数。城镇化是推动地区一体化发展的主要动力之一，能够从空间上综合反映该区域的一体化发展水平。该指标以常住人口计算的人口城镇化率来衡量。理论上说，城镇化率的差异系数越低，区域发展的一体化水平越高。

劳动适龄人口占比差异系数。人口结构是区域发展的劳动力要素，劳动适龄人口在总人口中的比重是区域经济一体化发展的持续性的劳动力基础。计算差异系数后，差异系数越低，说明区域发展水平越均衡，即一体化发展程度越高。

城乡收入比差异系数。城乡居民收入比（城市 / 农村）反映的是城乡收入分配差距，计算方法为：城镇居民人均可支配收入 / 农村人均纯收入。该指标数值越小，表明城乡收入差距越小。计算差异系数后，差异系数越低，说明区域发展越均衡，即一体化发展程度越高。

需要说明的是，基尼系数是考察区域内居民收入分配差距的重要指标。该指标是反向指标，基尼系数越小，说明地区收入分配相对越公平。由于数据准确性尚不确定，该指标暂不纳入分析维度。中产阶层人口占比是指区域内中产阶层（中等收入者）的人口总量占比，中产阶层人口占比越高，说明区域发展水平越均衡。由于数据准确性尚不确定，该指标暂不纳入分析维度。

社会保障差异水平考察的是区域社会保障事业发展的状况，选取了城镇职工基本养老保险参保人数占比差异系数、城镇职工基本医疗保险参保人数占比差异系数、最低生活保障人数占比差异系数 3 个三级指标。这 3 个指标是城镇居民社会保障水平的基本判断指标。计算差异系数后，差异系数越低，说明区域发展越均衡，即一体化发展程度越高。

公共服务差异水平考察的是区域公共服务体系均等化的情况，选取了财政性文化体育、传媒支出占比差异系数，人均地方财政教育支出差异系数，每万人执业医师数差异系数，每万人发明专利数差异系数，每万人社会组织数差异系数 5 个公共服务的维度体现区域公共服务水平，计算差异系数后，差异系数越低，说明区域发展越均衡，即一体化发展程度越高。

二、评价方法

社会一体化与市场一体化相似，采用差异系数法进行计算。要说明的是，社会一体化的各个区域差异系数越大，说明区域社会一体化水平越低，发展越不均衡；反之，差异系数越小，说明区域社会一体化水平越高，发展越均衡。

第七节 区域生态一体化发展指数的构建

生态一体化是在经济发展过程中实现社会效能与生态效能良性循环的最佳手段。区域生态一体化侧重从生态环境本身维度出发，衡量不同区域之间的协调与耦合程度。目前，生态一体化指标设置尚无统一标准，学者们着重围绕自然资源保护指数、资源环境利用指数及污染防治指数 3 个维度展开分析，见表 3–6。基于此，本文以上述 3 个维度作为反映生态治理程度的基础，并综合已有文献对其划分设立指标，以更为全面地阐释生态环境的特性。通过对不同地区、不同年份各项指标数值的统计整理，运用差异系数测算得出生态一体化程度的量化指标，借此比较说明区域间生态环境差异及动态发展趋势，进而根据测度结果提出推动区域生态一体化建设的对策建议。

表3-6 区域生态一体化发展指数指标体系

一级指标	二级指标	三级指标	四级指标
区域生态一体化发展指数	自然资源保护指数	城乡绿化覆盖率	森林覆盖率（%）
			自然保护区比重（面积比重%）
		水资源保护指数	地区节水灌溉面积（千公顷）
			人均水资源量（立方米）
			生态环境补水量（亿立方米）
		土地保护指数	本年增加的耕地面积（公顷）
			人均耕地面积（亩）
			人工湿地面积（千公顷）
区域生态一体化发展指数	资源环境利用指数	空气质量负荷指数	二氧化硫排放量（吨）
			化学需氧量排放量（吨）
			氨氮排放总量（吨）
		水资源利用效率	单位GDP用水量（立方米/万元）
			安全饮用水普及率（%）
		能源资源降耗水平	单位GDP能耗（吨标准煤/万元）

续表

一级指标	二级指标	三级指标	四级指标
区域生态一体化发展指数	污染防治指数	废弃物处理指数	一般工业固体废物处置量（万吨）
			城市生活垃圾无害化处理率（%）
			工业废水治理设施处理能力（万吨/日）
		环境污染防治综合投资指数	当年完成环保验收项目环保投资（亿元）

一、生态一体化指标体系的建立

1. 自然资源保护指数

自然资源保护指数是反映某个地区生态保护状况的重要指标，是区域内绿化覆盖面积与总面积之比。此项指标由城乡绿化覆盖率、水资源保护指数和土地保护指数组成。城乡绿化覆盖率下设森林覆盖率、自然保护区比重 2 个四级指标，即森林面积、自然保护区分别占土地面积的比重。水资源作为经济发展的基础资源，对区域生态 系统健康具有重要影响。水资源的稀缺性特征决定了其需用经济效率进行量化。该项指标涵盖地区节水灌溉面积、人均水资源量、生态环境补水量。城镇化及工业化的快速推进使得土地保护成为理论与实证研究的重要内容，土地保护指数下设本年增加的耕地面积、人均耕地面积和人工湿地面积。显而易见，自然资源保护指数均为正向指标，数值越大，表明资源保护程度越高、生态质量越好。

2. 资源环境利用指数

资源环境利用指数由单位经济效益带来的大气、水、能源等资源消耗代价来衡量，同等经济增长所付出的空气污染量、水资源、能源资源越低，表示地区的生态质量水平越高。据此，资源环境利用指数下设空气质量负荷指数、水资源利用效率和能源资源降耗水平三项指标。其中，空气质量负荷指数包括二氧化硫排放量、化学需氧量排放量、氨氮排放总量，着眼于研究污染物排放量与经济增长的关系。水资源利用效率包括单位 GDP 用水量、安全饮用水普及率，核心是反映资源利用效率和居民生活质量问题。

3. 污染防治指数

污染防治指数反映地区环保政策及环境治理投入程度的差异，包括废弃物处理指数和环境污染防治综合投资指数。根据生产、生活废弃物来源的不同，废弃物处理指数涉及一般工业固体废物处置量、城市生活垃圾无害化处理率、工业废水治理设施处理能力 3 个方面，综合体现地区技术、资金投入及处理总量、难度等现实因素。环境污染防治综合投资指数采用狭义的环境投资概念，即用环境污染治理投资替代保护投资。

二、指标测算方法

针对前述指标构建的情形而言，一方面各项指标量化的出发点角度不同，致使不同指标数值的单位不尽相同；另一方面区域发展不均衡、资源禀赋差异容易导致指标均值相差较大，因此采用绝对差异量进行比较往往不可靠。对此，应当使用差异系数来进行不同水平的同类现象的差异性比较。

京津冀经济社会一体化发展指数分析

区域经济一体化是区域一体化的基础和保障，区域经济社会一体化涉及的领域更广，尤其是社会保障和公共服务一体化对于区域一体化发展起到了巨大的支撑作用。

推动京津冀协同发展，是适应我国经济发展进入新常态，应对资源环境压力加大、区域发展不平衡矛盾日益突出等挑战，加快转变经济发展方式、培育增长新动力和新的增长极、优化区域发展格局的现实需要，意义十分重大，也是探索改革路径、构建区域协调发展体制机制的需要。京津冀协同发展的目标是加快推进京津冀一体化，打造世界级城市群。

《京津冀协同发展规划纲要》指出，要在京津冀交通一体化、生态环境保护、产业升级转移等重点领域率先取得突破。但在根本上，京津冀的协同与一体化发展需要在市场一体化、社会一体化方面取得实质性的突破与进展，才能不断消除三地的差距，也才能从根本上解决北京的非首都功能疏解的问题。

本章作者：蔡继辉、曹占忠。

第一节　京津冀经济社会一体化发展指数指标体系

根据区域一体化要素结构分析，本研究确定京津冀经济社会一体化发展的 5 个测度一级指标为产业一体化、市场一体化、交通一体化、社会一体化、生态一体化，并计算合成京津冀经济社会一体化发展指数（见表 4–1）。

表4-1　京津冀经济社会一体化发展指数指标体系

一级指标	二级指标
区域市场一体化发展指数	商品市场价格指数
	要素市场价格指数
区域产业一体化发展指数	横向产业一体化
区域交通一体化发展指数	枢纽覆盖水平
	交通网络运输水平
	综合交通发展水平
区域社会一体化发展指数	社会结构差异水平
	社会保障差异水平
	公共服务差异水平
区域生态一体化发展指数	自然资源保护指数
	资源环境利用指数
	污染防治指数

第二节　数据来源

本章数据均来自《北京统计年鉴》（2013 ~ 2017 年）、《天津统计年鉴》（2013 ~ 2017 年）、《河北经济年鉴》（2013 ~ 2017 年）、《中国统计年鉴》（2013 ~ 2017 年）、《中国城市统计年鉴》（2013 ~ 2017 年）以及国家统计局网站和地方统计局网站。

第三节　京津冀经济社会一体化发展指数测算结果

京津冀经济社会一体化发展指数测算结果如表 4–2 和图 4–1 所示。

表4-2　京津冀经济社会一体化发展指数测算结果（2012 ~ 2016年）

年份	产业一体化发展指数	市场一体化发展指数	社会一体化发展指数	交通一体化发展指数	生态一体化发展指数	京津冀经济社会一体化发展指数
2012	0.981	0.171	0.648	0.583	0.576	0.592
2013	0.986	0.183	0.628	0.603	0.614	0.603
2014	0.980	0.187	0.632	0.606	0.558	0.593
2015	0.995	0.206	0.636	0.614	0.694	0.629
2016	1.032	0.226	0.639	0.623	0.765	0.650

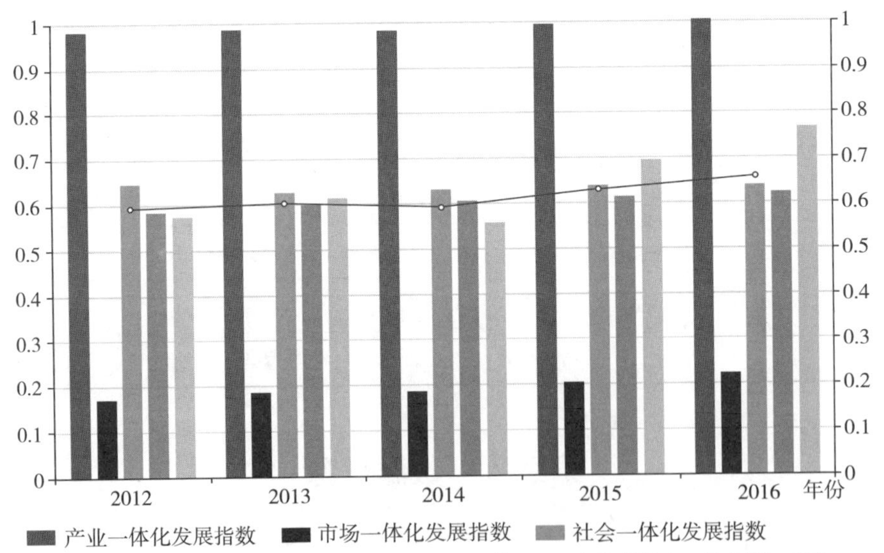

图4-1　京津冀经济社会一体化发展指数测算结果（2012 ~ 2016年）

第四节　京津冀经济社会一体化发展指数分析

从京津冀经济社会一体化发展指数测算结果可以看出以下几点。

1. 京津冀经济社会一体化发展指数不断提高

从表 4–2 可以看出，2012 ~ 2014 年，社会一体化指数在 2013 年有较小的波动，产业一体化、生态一体化发展指数在 2014 年有较小的波动，市场一体化、交通一体化指数呈逐年小幅上升趋势，总指数受产业一体化、生态一体化指数的影响，在 2014 年也有略小波动。但从整体上看，这 5 项指数和总指数均呈小幅增长趋势。

2. 2015 年后，京津冀经济社会一体化发展指数增长较快

总指数从 2014 年的 0.593 增长到 2015 年的 0.629 和 2016 年的 0.650，一体化的进程相比 2012 ~ 2014 年明显提升，这与中央的重视、三地的协同以及《京津冀协同发展规划纲要》的颁布实施有比较密切的关系。

3. 生态一体化发展指数提升较快

2014 年冬季和 2015 年初春，是北京雾霾比较严重的一段时期。正是这种状况，引起了北京市民以及中央和北京市领导对京津冀生态环境问题的重视。此后，各有关部门加大了环境保护力度，尤其是加强了对空气质量的监测。2015 年 12 月底国家发展改革委发布了《京津冀协同发展生态环境保护规划》，建立了环境保护的协同机制。从指数测算看，2015 年、2016 年京津冀生态一体化指数相比 2012 ~ 2014 年有明显的提升。

4. 社会一体化发展指数提高较慢

从社会一体化发展指数测算结果看：无论是 2015 年以前还是《京津冀协同发展规划纲要》颁布实施的 2015 年之后，社会一体化发展指数的变化都比较小；无论是与京津冀区域一体化发展总指数相比，还是与产业一体化、市场一体化、交通一体化、生态一体化分项指数相比，社会一体化指数提高的绝对值和增长率基本上都是最低的。

5. 市场一体化发展指数、交通一体化发展指数平稳增长

随着京津冀协同发展重大国家战略的实施，“轨道上的京津冀”加速建设，交通一体化进程明显加快，为京津冀的交通发展提供了助推器和牵引力。同时，交通一体化的发展也为供应链创新、产业链融合提供了便利，激发了流通产业的基础性和先导性作用，促进了市场一体化的发展。

第五节　京津冀经济社会一体化发展政策建议

一、基于五个一体化的京津冀区域统筹发展建议

近年来，京津冀区域一体化发展取得了明显的成果。《京津冀协同发展规划纲要》《关于支持河北雄安新区规划建设的若干意见》以及《河北雄安新区发展规划纲要》的颁布实施，为京津冀的发展做了顶层设计与政策指导。“十三五”规划更是把京津冀作为一个区域整体统筹规划，对城市群发展、产业转型升级、交通设施建设、社会民生改善等方面的一体化布局进行了统筹规划。但京津冀在区域一体化发展中还面临一系列的问题。

首先，区域发展不协调、不平衡是个“老大难”问题。很长一段时间，京津冀区域发展中集聚了过多的非首都功能，存在很多的问题。例如，“大城市病”问题突出，人口增长过度、交通拥堵问题严重、房价问题突出，进而引发了一系列的社会问题。其次，京津冀地区由于地下水超采导致水资源短缺，环境污染问题也比较突出，成为我国东部地区资源环境超载矛盾较为严重、生态联防联治要求较为迫切的

区域，加之京津冀区域布局、城镇体系结构等存在的问题，导致区域发展不均衡。河北与京津发展水平差距较大，公共服务水平差异明显，影响了要素流动、功能疏解和协同发展。根据京津冀区域一体化发展指数的测算，我们对京津冀区域一体化发展提出以下建议。

1. 京津冀经济社会一体化发展需要行政力量的引导和统筹，更需要市场力量的平衡与介入

《京津冀协同发展规划纲要》强调，协同发展需要在交通、生态、产业三大重点领域率先取得突破。如果说交通、生态更多地需要行政力量的引导和统筹，那么产业一体化在北京非首都功能疏解的情况下，如何实现津冀两地的产业转入，仅仅靠行政力量还不够，还需要市场发挥作用。但是，在此过程中，政府与市场的关系如何处理，或者说政府如何不越位、不缺位，就很关键。要想在政府引导的基础上发挥好市场配置资源的决定性作用，一方面要引进高端人才，特别是企业家人才；另一方面要创造适宜人才发展的市场和商业环境。

2. 生态一体化需要建立长效机制

伴随京津冀地区经济的快速发展，环境污染、生态系统退化等一系列问题随之出现。京津冀一体化协同发展中如何在经济增长和环境保护之间寻找平衡点，成为当前三地政府的工作重点。但我们也应看到，在生态环境保护方面，三地的协同机制更多的还是靠政府的行政力量去推动，而不是通过产业的升级、生产能耗的降低、清洁能源的使用等来解决，所以京津冀生态一体化还需要建立长效机制。

3. 在缩小经济差距的基础上，逐步缩小社会保障与公共服务的差距，应是京津冀经济社会一体化发展的重中之重

从根本上来说，京津冀区域一体化程度的提高需要社会一体化来推动，否则，产业转移无法带动人才转移和人员流动。交通一体化程度越高，京津冀之间交通越便捷，“人”留在北京的可能性越大，或者人才“潮汐”式地往返于北京与天津、河北的可能性也越大。目前，河北省在社会发展、公共服务的水平和质量层次上，与京津差异明显。比如，2016 年三地人均公共财政预算收入（地方财政一般预算收入 / 年末常住人口）分别为 23384 元、17436 元、3815 元，其中北京、天津人均公共财政预算收入分别是河北的 6.1 倍、4.6 倍。要加快京津冀区域一体化的进程，就应加快社会一体化的进程，而且，相比于交通、产业转移、环保等部门，社会保障和公共服务领域投入的资金大、周期长、见效慢，更需要从长计议。

4. 加快京津冀产业一体化、社会一体化进程，促进河北经济水平的提升

社会一体化水平的提升，可以靠转移支付和生态补偿机制，但根本上还是要靠自身经济的发展。建立在自身经济基础上的高水平社会保障和公共服务供给才有可能实现。

从京津冀产业一体化指数看，京津冀三地各有优势产业，北京和天津在技术和资本密集型产业方面占有一定优势，河北在劳动和资源密集型产业方面占有一定的优势。但河北的优势产业集中在钢铁、石油化工、装备制造业、建材、纺织等产业，属于高能耗或者高污染产业。在京津冀环保压力日益增大、环保联动的背景下，这些产业的发展受环境和资源、能源的约束。

而在承接北京市的产业转移时，如果河北省没有明确的产业定位，仅仅以 GDP 增长为目标，或者只注重眼前利益，不能与北京、天津在 IT、互联网、金融、文教、医疗等高新技术及高端服务业领域形成一体化发展，不能实现产业升级，那么，河北的经济要实现跨越式增长和高质量发展，就比较困难。

5. 雄安新区的设立和健康发展应成为京津冀经济社会一体化加速推进的突破口

2017 年 4 月 1 日，中共中央、国务院决定设立雄安新区。雄安新区地处北京、天津、石家庄、保定等城市之间，具有区位优势以及交通便捷、生态优良等优势，目前开发程度较低，发展空间较大，具备高起点开发建设的基本条件，对于集中疏解北京非首都功能、调整优化京津冀城市布局和空间结构、实现京津冀区域一体化发展，具有重大的现实意义和深远的历史意义。2018 年 4 月 21 日，新华社全文播发《河北雄安新区规划纲要》，规划期限至 2035 年，为指导雄安新区规划建设提供了基本依据。《河北雄安新区规划纲要》指出，雄安新区要构建科学合理的空间布局，塑造新时代城市风貌，打造优美的自然生态环境，发展高端高新产业，提供优质共享的公共服务，构建快捷高效交通网，建设绿色智慧新城。

雄安新区将充分发挥京津冀各自的比较优势，形成京津冀目标同向、措施一体、优势互补、互利共赢的协同发展新格局。

二、各省份在京津冀一体化发展中的建议

1. 北京在京津冀经济社会一体化发展中的建议

市场一体化方面，不断推进京津冀要素交易市场的整体建设。从全国范围看，要素市场的发展滞后于商品市场的发展，而京津冀区域更是缺乏共同的要素交易市场。京津冀地区的科技成果转化对接相对不足，北京作为全国的科技中心，产出的大量科技成果大多与南方有关省份对接。因此，市场一体化进程中，北京有必要关注要素交易市场的建设。

产业一体化方面，目前北京的各种资源有饱和的趋势，“疏解北京非首都功能”提出后，可以通过退出一部分产业的方式，优化京津冀的产业结构，留出这部分空间继续升级产业结构。同时，根据城市功能定位，积极发展技术含量高的战略性新兴产业，发挥其在科技创新和研发方面的优势，逐步推动形成具有核心竞争力的企业，进而带动周边地区的产业发展。

交通一体化方面，交通对疏解北京非首都功能、统筹区域协调发展、形成经济发展的新增长极，具有重要支撑作用。北京的交通运输部门要打破“一亩三分地”的思维定式，在交通规划建设中，充分依托京津冀城市群规划和各城市的功能定位，选择最佳的交通运输发展方式，为建设具有全球竞争力、可持续发展能力强的世界级城市群，提供高效便捷的交通运输保障。

社会一体化方面，北京要进一步明确“基本公共服务均等化、社会政策一体化”的理念，努力实现基本公共服务的“底线公平”。在核心城市功能疏解过程中，北京的优质公共服务资源要进一步向周边地区辐射，在科技、产业、生态合作示范区内，率先实现社会政策对接和基本公共服务均等化，加快推进地区间社会保障对接与基本公共服务待遇互认，积极探索在养老、医疗、教育、社会保障等民生领域的合作。

生态一体化方面，北京要积极创新生态模式，形成资源节约和环境友好的空间格局。建设生态城市是实现绿色发展、循环发展、低碳发展的必由之路，这是解决资源型城市资源浪费、环境污染、生态脆弱问题的重要途径，有利于实现资源型城市可持续发展的战略目标。

2. 天津在京津冀经济社会一体化发展中的建议

市场一体化方面，天津要与北京、河北逐步建立起共同的金融市场、技术交易市场和劳动力市场，不断加快区域内信息市场的建设，逐步完善区域产权交易市场。

产业一体化方面，天津临近天津港，多年的发展奠定了良好的制造业发展基础，在先进制造业的科研研发和成果转化环节具有先天优势。天津应重点发展现代制造业和高技术产业、现代物流，发挥海港优势。

交通一体化方面，天津应合理布局综合交通枢纽，加强交通方式之间的衔接，加强与北京和周边地区的交通连接，疏解北京非首都功能。充分利用天津港口，打造世界一流港口，根据综合交通枢纽和走廊网络、枢纽和城市空间有机整合的原则，科学规划和合理配置综合交通枢纽，统筹规划和建设线路枢纽、车站枢纽和信息传输设施，加强枢纽的交通支撑连接以及与城市交通的有机连接。

社会一体化方面，天津要进一步弄清制约区域经济社会全面发展的障碍，寻找消除障碍的路径。要积极与河北、北京协同，探索在养老、医疗、教育、社会保障等民生领域的合作。

生态一体化方面，天津要不断加强生态建设力度，同时，还要加大生态补偿力度。在制定生态环境治理的相关规定上，天津应与北京、河北形成统一的制度，如统一的污染物排放标准、统一的环境污染处罚标准、统一的环境质量评价标准、统一的生态环境保护办法等。

3. 河北在京津冀经济社会一体化发展中的建议

市场一体化方面，河北要推动民营经济发展，发挥其在市场一体化中的作用。民营经济是京津冀区域市场一体化推进过程中不可忽视的部分。河北省应通过推动民营经济发展，进而促进市场一体化的进程。

产业一体化方面，承接京津两地产业仍是河北经济发展的必经之路。河北应重点发展钢铁、医药、石油化工、装备制造业、建材、食品、纺织等支柱产业，着力提升制造业整体水平。在承接京津两地产业时，河北也需要转变观念，由被动承接转变为主动对接，有的放矢地承接自身欠缺的产业，明确产业转移目录。河北各县市应明确本地区的优势与特色，选择性承接不同类型产业，避免产业同质化和无序竞争。

交通一体化方面，河北应加快与北京之间的快速路建设，聚焦于疏解首都交通压力，基本形成京津冀核心区 1 小时交通圈、相邻城市间 1.5 小时交通圈，打造智能出行城市、现代综合交通枢纽，加强智慧高速公路建设，加强交通安全制度建设，充分体现以人为本的交通安全要求，完善以交通设施设备规划、设计和建设为重点的交通安全管理和技术体系，建立全方位、全天候、快速反应的交通安全保障体系。

社会一体化方面，河北省要明确利益诉求，积极整合各类、各方面的创新活动，并重视自身的集成创新，以获得多赢的整体创新收益。同时，逐步缩小教育、医疗、社会保障等公共服务的地域差距，推进基本公共服务均等化，初步建立起一体化的制度框架，基本实现区域公共服务一体化。通过实现不同区域和不同社会群体之间公共服务制度的统一、公共服务设施的共享和保障标准的一致等，全面实现公共服务一体化。

生态一体化方面，河北省应加强联合执法力度，在制定生态环境治理的相关规定上，应与京津形成统一制度，如统一的污染物排放标准、统一的环境污染处罚标准、统一的环境质量评价标准、统一的生态环境保护办法等。另外在监督执法上，河北应加强与京津的合作，如构建统一的环境质量监督机制，共同协作确定污染源、污染物、污染类型等，并制定有效的防御措施。

京津冀市场一体化发展指数分析

第一节　数据来源

本研究的样本数据均来自《北京统计年鉴》（2013 ~ 2017 年）、《天津统计年鉴》（2013 ~ 2017 年）、《河北经济年鉴》（2013 ~ 2017 年）。

第二节　数据分析

一、市场一体化发展指数

依据前文确定的评价指标、数据、评价方法，2012 ~ 2016 年京津冀市场一体化发展指数如表 5-1 和图 5-1 所示。

表5-1　　2012 ~ 2016年京津冀市场一体化发展指数

年份 / 指标	2012	2013	2014	2015	2016
商品市场一体化指数	0.017358	0.009616	0.014016	0.012678	0.074086
要素市场一体化指数	0.325261	0.356193	0.360208	0.398609	0.37692
市场一体化指数	0.17131	0.182904	0.187112	0.205644	0.225503

本章作者：孙胜元、丁阿丽。

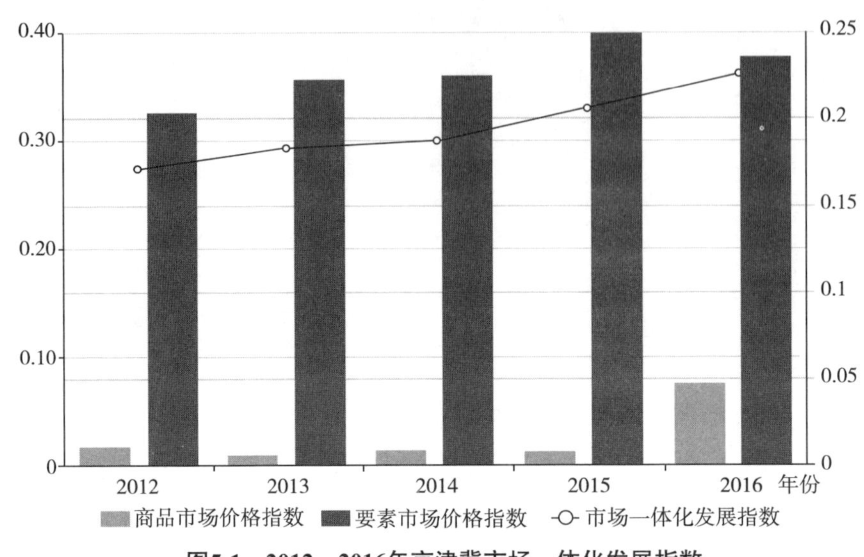

图5-1 2012～2016年京津冀市场一体化发展指数

从表5-1和图5-1中可以看到，2012 ～ 2016年这5年间京津冀市场一体化指数基本呈现平稳增长的态势。近年来，京津冀市场一体化程度不断加深，得益于政策环境推动。国家发展改革委于2004年启动京津冀都市圈区域规划的编制工作，标志着京津冀一体化不仅是区域层面的规划，而是上升到了国家层面的总体规划。2011年3月，第十一届全国人大四次会议出台的国家“十二五”规划纲要草案中明确提出推进京津冀区域经济一体化发展，打造首都经济圈，首都经济圈的规划和编制工作被提上议事日程。2014年3月5日的政府工作报告中指出，要加强环渤海及京津冀地区经济协作。2015年4月30日，中共中央政治局会议通过《京津冀协同发展规划纲要》，提出京津冀地区存在北京人口爆炸、生态系统退化、资源分配行政指令冗杂、战略定位缺乏组织、地区发展不平衡五大问题，相应提出了京津冀各地区的功能定位、空间布局、协同发展等内容。可以说，近些年在党中央的领导下，京津冀一体化不断上升为国家战略，“京津冀一体化”“京津冀协同发展”逐步成为京津冀协作、合作、协调的指引性战略概念，有利的宏观政策环境极大地推动了京津冀一体化的发展。

二、要素市场一体化指数

从表 6-1 可以看出，京津冀要素市场一体化指数呈现波动状态，反映出要素市场一体化发展中存在一定的障碍性因素，还有很大的推进空间。主要的障碍性因素体现在以下方面。第一，历史上京津冀地区资源配置的行政色彩明显：北京集聚了一批央企总部和知名院校、三甲医院等优质公共资源，大量公共资金、人才和技术等优质资源在京积聚，对周边地区的“虹吸效应”明显。第二，历史原因形成的产业壁垒、资金壁垒，即各地政府追求本地区产业门类齐全，导致多地重复建设，不能发挥自己的优势；产权交易壁垒，即本地政府不允许外地企业根据需要联合或兼并本地骨干企业，不允许本地企业外迁，也不允许本地骨干企业自由决定跨地区联合或兼并，这导致了效率的损失；人才壁垒，即档案、工资人事关系、组织关系、户籍等规定将人束缚在局部范围内，导致人才流动受限。第三，京津冀地区城市人口分布不平衡，表现为北京、天津人口增长过快，而河北的人口集聚力不足。

三、商品市场一体化指数

由表 6-1 可知，京津冀商品市场一体化指数呈现较大波动，2016 年显著增长，这其中交通一体化程度大幅度提升起到了关键作用。公路方面，由河北省交通运输厅牵头编制的首批高速公路服务区服务规范、高速公路收费站服务规范、京津冀高速公路智能管理与服务系统技术规范已经落地。这三项区域标准充分结合北京、天津、河北三地高速公路的实际情况，打通了京津冀区域高速公路的“断头路”，极大地提升了京津冀三地之间商品运输的便捷性和安全性，为促进商品市场一体化提供了有力支撑。轨道交通方面，以京津城际交通为代表，已经进入高铁时代。2015 年 12 月 28 日，津保高铁建成通车，使 800 多万往来天津、保定、石家庄的人不再绕道北京，往返千里、朝发夕归的同城生活已经实现。天津到保定的高铁建成后，从天津到保定的时间缩短为 1 小时左右，到石家庄为 1.5 小时。三地城市轨道交通一体化进程也在同步加速。首条跨北京、河北的地铁——平谷线，也已开工建设，届时从河北坐地铁到北京的愿望就会实现。航空方面，三个地区的航空运输资源整合力度进一步加大。京津冀三地机场协同发展，作为距离北京最近的机场——天津机场将为繁忙的首都机场减压，天津将打造推出“北京第二空中通道”。河北省通用机场也将超 30 个，初步建成环首都、沿渤海、冀中南 3 个通用机场群，基本满足京津冀地区短途运输、应急救援、公务航空、航空培训、旅游观光等多领域市场需求。

另外，京津冀三地加大商品市场的建设、整合力度，提高了物流效率，对于促进三地商品的一体化流通起到了巨大作用。例如，北京锦绣大地批发市场经过“瘦身”升级，加大了电子商务平台建设力度，体验店设立在北京，顾客可以在线下体验店参观，进而挑选满意的商品，然后通过网上下单。供应方通过建在河北的“智慧仓库”，将水果、生鲜等保质期短的商品实行原产地发货，降低了价格，提高了物流速度。

第三节 京津冀市场一体化发展政策建议

京津冀市场一体化的调控政策，需要从以行政手段为主尽快转变到行政手段与经济手段和法律手段相结合，从而保证政策手段的稳定性和持续性。

一、多措并举推动生产要素的有序合理流动

建立跨区域项目财税利益分配机制，推进产业转移。建立企业迁建财税利益分配机制，理顺迁入地、迁出地之间的利益关系，优化产业布局。建立医疗保险共享机制、义务教育一体化共享机制、人才共享一体化机制，推动劳动力合理有序布局。打破区域间行政壁垒，按照各省份功能定位，合理规划产业布局。北京市的产业发展要突出高端化、服务化、融合化、低碳化，充分发挥科技创新中心的作用；天津市要优化发展高端装备、电子信息等先进制造业，以及航空航天、生物医药、节能环保等战略性新兴产业；河北省应积极承接首都产业功能转移和京津冀科技成果转化，改造提升传统优势产业，大力发展先进制造业、现代服务业和战略性新兴产业，真正实现资源优势互补、产业良性互动的局面。

加快城市群发展速度。从城市群理论看，京津冀区域市场一体化的形成有赖于“次中心”城市的快速成长。城市群的成熟，需要有经济发展足够成熟、经济体量足够大的“次中心”城市。这些“次中心”城市能够与中心城市进行双向流动的经济活动，并把中心城市的带动作用辐射到整个区域。结合北京“非首都功能的疏解”，可以选择几个经济基础较好、区位交通优势明显、主城区经济规模较大的城市加以重点扶持。可以考虑的城市有以下四个：唐山是传统工业中心城市，其工业基础较好又具备港口优势；石家庄作为河北省省会，处于河北省南部中心位置，有利于带动河北省南部整体发展；保定工业基础较好，尤其是拥有雄厚的智力资源；沧州作为新兴化工城市，处于京津冀与山东经济区的连接地段，同时其黄骅大港辐射面积广阔，能形成新的出海大通道。将这几个城市作为京津冀区域的“次中心”城市，有利于加速京津冀都市圈发展，尽快形成大、中、小城市梯度发展的

格局。中小城市通过提升产业集聚功能，提升地区经济发展水平，进而起到吸纳人口集聚的作用。

推进京津冀要素交易市场建设。从全国范围看，要素市场的发展滞后于商品市场的发展，而京津冀区域更是缺乏共同的要素交易市场。例如，京津冀地区的科技成果转化对接相对不足，北京作为全国的科技中心，产生的大量科技成果多与南方有关省份对接。因此，京津冀区域市场一体化进程有必要关注要素交易市场的建设，包括逐步建立共同的金融市场、共同的技术交易市场和劳动力市场，加快区域内信息市场的建设，逐步完善区域产权交易市场的功能。一是尽快设立统一的交易市场机构；二是尽快完成区域内部交易标准、程序、规则以及审核规范的统一；三是构建交易管理信息系统和交易服务系统；四是构建统一的监管体系和监管制度。

推动民营经济发展，发挥其在市场一体化中的作用。民营企业是京津冀区域市场一体化推进过程中不可忽视的部分，京津冀地区民营企业的发展具有我国其他地区所不具备的天然优势。京津两市拥有全国数量最多、密度最大的知名大学和科研院所，具有较强的科技支撑能力。同时，北京作为全国金融业最为发达的地区，具有较强的金融支持能力。环绕京津的河北，生活成本较低，同时又处于京津一小时生活圈范围内。因此，京津冀地区完全有打造全国最密集民营科技产业集群的现实可行性，通过打造这样的集群，有助于推动民营企业发展，进而促进市场一体化的进程。

推动土地要素市场一体化建设，深化国有土地有偿使用制度改革，扩大土地有偿适用范围。按照中央统一部署，建立城乡统一的建设用地市场，开展土地整治机制政策创新试点。一方面，逐步建立城乡统一的建设用地市场；另一方面，应加快构建能够体现土地资源稀缺程度、各行政单元间相互衔接的城乡基准地价体系。在技术与信息市场一体化方面，以网络互联为平台、以信息互通为纽带、以维护网络安全为保障，建设一体化网络基础设施，鼓励和推动电信企业推出京津冀一体化资费方案。

二、不断加强商品市场一体化建设

通过供应链创新、产业链融合、价值链提升和新经济发展，发挥流通产业的基础性和先导性作用，充分发挥传统的商品现货批发市场和中小微贸易流通企业在区域市场一体化建设中的作用。在重点行业方面，围绕钢铁、煤炭、农产品等行业、产业和商品，使产地、集散地和主要消费地之间形成生产、流通、消费的高效衔接。在重点领域方面，如跨境电商、电子商务、多式联运、供应链创新、物流金融和食品安全等方面，促进交易服务模式和监管制度的创新。建议以资源配置型平台企业为抓手，推动电子商务平台建设。

京津冀产业一体化发展指数分析

第一节　数据来源

本章的样本数据均来自《北京统计年鉴》（2008 ~ 2017 年）、《天津统计年鉴》（2008 ~ 2017 年）、《河北经济年鉴》（2008 ~ 2017 年）、《中国统计年鉴》（2008 ~ 2017 年）。其中，部分省份 2016 年的数据来自国家统计局网站以及地方统计局网站。

第二节　数据分析

一、产业结构相似系数

产业结构的相似性是指各城市产业部门之间优势互补的情况和资源合理流动以及利用程度。如果京津冀三个地区产业结构非常相似，说明它们之间没有形成优势互补，主导产业不突出，资源流动性差，

本章作者：张艳丽、陈青。

存在重复建设的现象；反之，则形成了优势互补，主导产业突出，资源配置合理。

本书根据北京、天津、河北三地统计年鉴中 2007 ~ 2016 年的相关数据，对京津、京冀与津冀三次产业结构相似系数进行了计算，结果如表 6-1 和图 6-1 所示。通过比较计算结果，我们发现以下几点。第一，从整体结果对比看，京津冀三个地区的三次产业结构中，天津与河北的相似系数很高，连续 10 年的相似系数都在 0.97 左右；北京与天津之间的相似系数次之；北京与河北的相似系数最低。因此，北京与河北、北京与天津的相似程度较低，而河北与天津的相似程度较高。第二，从发展趋势来看，2007 ~ 2016 年，京津之间、京冀之间的产业结构相似系数为先下降后上升。这表明，京津地区、京冀地区总体上是先趋异后趋同发展的；而津冀之间的产业结构始终围绕系数 0.97 上下浮动，说明津冀两地是趋同发展的。这是因为天津和河北均以资源密集型的能源和重化工业为主导产业，产业同构现象严重制约了两地的发展。河北省利用自身制造业基础优势，积极承接高端产业制造环节，而天津市也着力发展高技术密集型制造行业，故津冀两地制造业结构有趋同发展的倾向。同时，津冀地区在经济区位、自然资源环境等方面就具有相似性，因此产业结构相似系数比较高。而北京市不断进行产业转移，加快产业结构调整，重点发展第三产业，因此京津、京冀的产业结构是趋异的。

表6-1　2007 ~ 2016年京津、京冀与津冀三次产业结构相似系数测算结果

年份	京津	京冀	津冀	平均值
2007	0.835	0.767	0.980	0.861
2008	0.818	0.733	0.978	0.843
2009	0.842	0.762	0.978	0.861
2010	0.853	0.762	0.976	0.864
2011	0.847	0.746	0.976	0.856

续表

年份	京津	京冀	津冀	平均值
2012	0.851	0.751	0.975	0.859
2013	0.858	0.757	0.974	0.863
2014	0.871	0.768	0.974	0.871
2015	0.884	0.791	0.975	0.884
2016	0.898	0.805	0.976	0.893

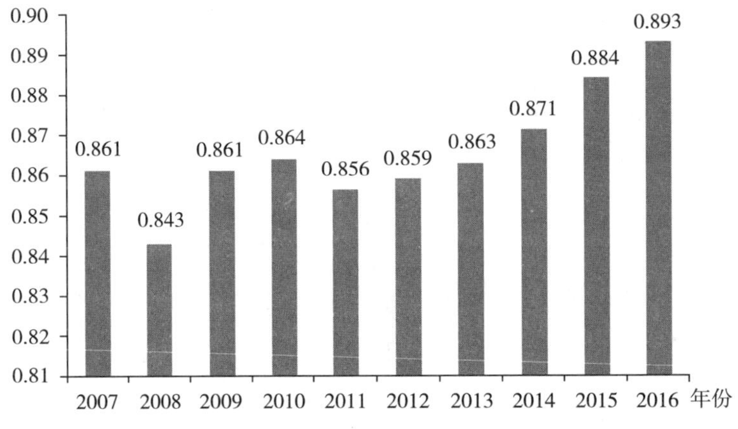

图6-1　2007～2016年京津、京冀与津冀三次产业结构平均值

二、行业分工指数

通过计算可得 2012 ～ 2016 年京津、京冀与津冀区域行业分工指数，如表 6-2 和图 6-2 所示。第一，从整体来看，在京津、京冀、津冀中，京冀的区域行业分工指数较高，京津次之，津冀最低。因此，京冀的分工较为显著。第二，从发展趋势看，2012 ～ 2016 年京津、京冀的区域行业分工指数一直呈上升趋势，说明两地工业互补程度、分工程度上升，即产业一体化程度不断提高；而津冀区域行业分工指数呈下降趋势，表明两地的区域行业分工程度呈下降趋势，同时也反映了天津与河北的产业没有达到互补状态，产业一体化程度降低。从平均值看，整体的区域行业分工指数是逐渐提高的。

表6-2　2012～2016年京津、京冀与津冀行业分工指数测算结果

年份	京津	京冀	津冀	平均值
2012	0.765	1.010	0.646	0.807
2013	0.813	1.039	0.661	0.838
2014	0.862	1.051	0.631	0.848
2015	0.927	1.096	0.573	0.865
2016	0.955	1.145	0.563	0.889

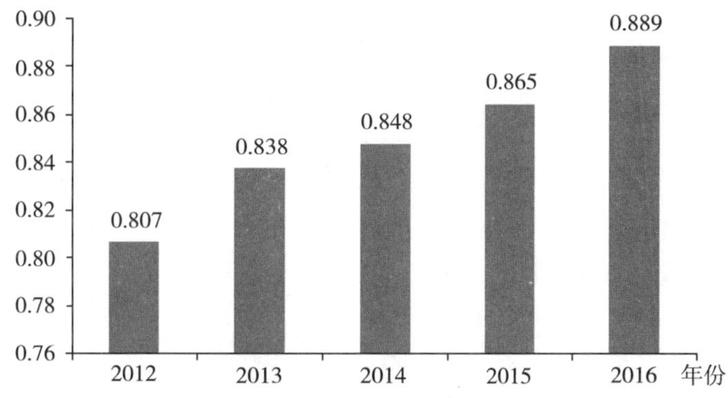

图6-2　2012～2016年京津、京冀与津冀行业分工指数平均值

三、产业集聚度

对2012～2016年北京、天津、河北41个规模以上工业内部细分行业的数据进行计算，可得出其产业集聚度，如表6–3至表6–7所示。需要说明的是，表6–3到表6–7中有些细分行业的区位熵为“—”，是因为在当年的统计年鉴中有些行业没有列出相关的数据，有些没有这个统计项，因此在计算中均剔除。

表6-3　2012年北京、天津、河北41个规模以上工业总产值区位熵

序号	行业	北京	天津	河北
1	煤炭开采和洗选业	1.209	1.237	0.802
2	石油和天然气开采业	—	—	—
3	黑色金属矿采选业	0.322	0.120	1.699
4	有色金属矿采选业	—	—	—
5	非金属矿采选业	—	—	—

续表

序号	行业	北京	天津	河北
6	开采辅助活动	—	—	—
7	其他采矿业	—	—	—
8	农副食品加工业	0.591	0.970	1.163
9	食品制造业	0.672	1.830	0.690
10	酒、饮料和精制茶制造业	1.495	0.692	0.980
11	烟草制品业	—	—	—
12	纺织业	0.125	0.195	1.732
13	纺织服装、服饰业	0.992	1.266	0.866
14	皮革、毛皮、羽毛及其制品业和制鞋业	0.060	0.172	1.767
15	木材加工和木、竹、藤、棕、草制品业	0.284	0.304	1.618
16	家具制造业	1.077	0.833	1.059
17	造纸及纸制品业	0.421	0.890	1.266
18	印刷和记录媒介复制业	1.705	0.418	1.046
19	文教、工美、体育和娱乐用品制造业	0.910	1.528	0.760
20	石油加工、炼焦及核燃料加工业	1.050	0.979	0.993
21	化学原料及化学制品制造业	0.497	1.211	1.073
22	医药制造业	1.786	0.939	0.748
23	化学纤维制造业	—	—	—
24	橡胶和塑料制品业	0.373	0.985	1.234
25	非金属矿物制品业	0.934	0.445	1.311
26	黑色金属冶炼和压延加工业	0.054	0.868	1.410
27	有色金属冶炼和压延加工业	0.340	1.889	0.779
28	金属制品业	0.458	1.107	1.141
29	通用设备制造业	1.117	1.235	0.836
30	专用设备制造业	0.982	1.359	0.821
31	汽车制造业	2.294	1.100	0.481
32	铁路、船舶、航空航天和其他运输设备制造业	0.865	1.807	0.632
33	电气机械和器材制造业	1.150	1.020	0.936
34	计算机、通信和其他电子设备制造业	2.149	1.872	0.135
35	仪器仪表制造业	3.210	0.676	0.369
36	其他制造业	2.022	1.389	0.430
37	废弃资源综合利用业	0.146	2.549	0.509
38	金属制品、机械和设备修理业	2.369	0.580	0.722
39	电力、热力生产和供应业	2.426	0.403	0.793

续表

序号	行业	北京	天津	河北
40	燃气生产和供应业	2.885	0.834	0.405
41	水的生产和供应业	1.966	1.253	0.520

注：深色底纹为区位熵大于1的值，以下同理。

表6-4　2013年北京、天津、河北41个规模以上工业总产值区位熵

序号	行业	北京	天津	河北
1	煤炭开采和洗选业	1.033	1.472	0.729
2	石油和天然气开采业	—	—	—
3	黑色金属矿采选业	0.285	0.132	1.743
4	有色金属矿采选业	—	—	—
5	非金属矿采选业	0.092	0.333	1.705
6	开采辅助活动	—	—	—
7	其他采矿业	—	—	—
8	农副食品加工业	0.591	0.881	1.218
9	食品制造业	0.604	1.788	0.716
10	酒、饮料和精制茶制造业	1.255	0.754	1.039
11	烟草制品业	—	—	—
12	纺织业	0.100	0.184	1.784
13	纺织服装、服饰业	0.880	1.270	0.897
14	皮革、毛皮、羽毛及其制品业和制鞋业	0.050	0.153	1.820
15	木材加工和木、竹、藤、棕、草制品业	0.261	0.199	1.716
16	家具制造业	1.075	0.835	1.062
17	造纸及纸制品业	0.416	0.925	1.260
18	印刷和记录媒介复制业	1.275	0.570	1.133
19	文教、工美、体育和娱乐用品制造业	0.644	1.717	0.740
20	石油加工、炼焦及核燃料加工业	0.922	1.132	0.957
21	化学原料及化学制品制造业	0.447	1.129	1.137
22	医药制造业	1.727	0.937	0.763
23	化学纤维制造业	—	—	—
24	橡胶和塑料制品业	0.331	0.949	1.278
25	非金属矿物制品业	0.918	0.409	1.355
26	黑色金属冶炼和压延加工业	0.048	0.884	1.420
27	有色金属冶炼和压延加工业	0.232	2.002	0.738
28	金属制品业	0.396	1.041	1.204
29	通用设备制造业	0.968	1.240	0.881

续表

序号	行业	北京	天津	河北
30	专用设备制造业	1.022	1.342	0.805
31	汽车制造业	2.430	0.936	0.500
32	铁路、船舶、航空航天和其他运输设备制造业	0.906	1.845	0.572
33	电气机械和器材制造业	1.056	1.008	0.974
34	计算机、通信和其他电子设备制造业	2.012	1.885	0.136
35	仪器仪表制造业	3.223	0.556	0.411
36	其他制造业	2.172	1.398	0.343
37	废弃资源综合利用业	0.139	2.515	0.492
38	金属制品、机械和设备修理业	2.339	0.589	0.724
39	电力、热力生产和供应业	2.607	0.361	0.749
40	燃气生产和供应业	2.702	0.747	0.502
41	水的生产和供应业	1.834	1.200	0.578

表6-5　2014年北京、天津、河北41个规模以上工业总产值区位熵

序号	行业	北京	天津	河北
1	煤炭开采和洗选业	0.831	1.706	0.665
2	石油和天然气开采业	—	—	—
3	黑色金属矿采选业	0.245	0.153	1.771
4	有色金属矿采选业	—	—	—
5	非金属矿采选业	0.078	0.303	1.750
6	开采辅助活动	—	—	—
7	其他采矿业	—	—	—
8	农副食品加工业	0.560	0.842	1.260
9	食品制造业	0.559	1.786	0.725
10	酒、饮料和精制茶制造业	1.130	0.718	1.110
11	烟草制品业	—	—	—
12	纺织业	0.057	0.190	1.823
13	纺织服装、服饰业	0.784	1.270	0.931
14	皮革、毛皮、羽毛及其制品业和制鞋业	0.041	0.141	1.857
15	木材加工和木、竹、藤、棕、草制品业	0.234	0.202	1.747
16	家具制造业	1.000	0.758	1.137
17	造纸及纸制品业	0.398	0.985	1.241
18	印刷和记录媒介复制业	1.144	0.592	1.175
19	文教、工美、体育和娱乐用品制造业	0.504	1.762	0.760

续表

序号	行业	北京	天津	河北
20	石油加工、炼焦及核燃料加工业	1.079	1.005	0.967
21	化学原料及化学制品制造业	0.409	1.150	1.143
22	医药制造业	1.755	0.881	0.776
23	化学纤维制造业	—	—	—
24	橡胶和塑料制品业	0.298	0.972	1.287
25	非金属矿物制品业	0.861	0.444	1.368
26	黑色金属冶炼和压延加工业	0.042	0.942	1.403
27	有色金属冶炼和压延加工业	0.233	2.005	0.727
28	金属制品业	0.359	1.001	1.247
29	通用设备制造业	0.917	1.237	0.898
30	专用设备制造业	0.947	1.242	0.884
31	汽车制造业	2.423	0.903	0.505
32	铁路、船舶、航空航天和其他运输设备制造业	1.021	1.795	0.542
33	电气机械和器材制造业	0.968	1.015	1.004
34	计算机、通信和其他电子设备制造业	2.094	1.746	0.155
35	仪器仪表制造业	3.226	0.511	0.417
36	其他制造业	1.324	1.713	0.471
37	废弃资源综合利用业	0.115	2.491	0.498
38	金属制品、机械和设备修理业	2.371	0.857	0.551
39	电力、热力生产和供应业	2.638	0.353	0.734
40	燃气生产和供应业	2.616	0.659	0.569
41	水的生产和供应业	2.155	1.000	0.554

表6-6　2015年北京、天津、河北41个规模以上工业总产值区位熵

序号	行业	北京	天津	河北
1	煤炭开采和洗选业	—	—	—
2	石油和天然气开采业	—	—	—
3	黑色金属矿采选业	0.178	0.690	1.510
4	有色金属矿采选业	—	—	—
5	非金属矿采选业	—	—	—
6	开采辅助活动	—	—	—
7	其他采矿业	—	—	—
8	农副食品加工业	0.517	0.924	1.235
9	食品制造业	0.536	1.699	0.758
10	酒、饮料和精制茶制造业	1.068	0.660	1.179

续表

序号	行业	北京	天津	河北
11	烟草制品业	—	—	—
12	纺织业	0.035	0.225	1.848
13	纺织服装、服饰业	0.676	1.337	0.922
14	皮革、毛皮、羽毛及其制品业和制鞋业	0.036	0.184	1.873
15	木材加工和木、竹、藤、棕、草制品业	0.268	0.192	1.777
16	家具制造业	0.897	0.758	1.188
17	造纸及纸制品业	0.396	0.950	1.267
18	印刷和记录媒介复制业	1.054	0.635	1.200
19	文教、工美、体育和娱乐用品制造业	0.605	1.741	0.705
20	石油加工、炼焦及核燃料加工业	0.826	1.193	0.951
21	化学原料及化学制品制造业	0.373	1.026	1.230
22	医药制造业	1.826	0.870	0.755
23	化学纤维制造业	—	—	—
24	橡胶和塑料制品业	0.230	0.959	1.326
25	非金属矿物制品业	0.725	0.477	1.425
26	黑色金属冶炼和压延加工业	0.036	0.980	1.390
27	有色金属冶炼和压延加工业	0.221	2.024	0.684
28	金属制品业	0.343	1.004	1.255
29	通用设备制造业	0.816	1.296	0.893
30	专用设备制造业	0.854	1.240	0.912
31	汽车制造业	2.350	0.931	0.513
32	铁路、船舶、航空航天和其他运输设备制造业	0.924	1.867	0.504
33	电气机械和器材制造业	1.012	0.952	1.024
34	计算机、通信和其他电子设备制造业	2.058	1.641	0.196
35	仪器仪表制造业	2.985	0.585	0.474
36	其他制造业	1.561	1.485	0.486
37	废弃资源综合利用业	0.082	2.447	0.481
38	金属制品、机械和设备修理业	2.963	0.703	0.411
39	电力、热力生产和供应业	2.713	0.355	0.721
40	燃气生产和供应业	2.939	0.541	0.519
41	水的生产和供应业	2.177	0.909	0.595

表6-7　2016年北京、天津、河北41个规模以上工业总产值区位熵

序号	行业	北京	天津	河北
1	煤炭开采和洗选业	—	—	—
2	石油和天然气开采业	—	—	—
3	黑色金属矿采选业	0.194	0.230	1.767
4	有色金属矿采选业	—	—	—
5	非金属矿采选业	—	—	—
6	开采辅助活动	—	—	—
7	其他采矿业	—	—	—
8	农副食品加工业	0.538	0.909	1.236
9	食品制造业	0.493	1.798	0.734
10	酒、饮料和精制茶制造业	0.924	0.842	1.122
11	烟草制品业	—	—	—
12	纺织业	0.032	0.166	1.868
13	纺织服装、服饰业	0.581	1.471	0.890
14	皮革、毛皮、羽毛及其制品业和制鞋业	0.029	0.254	1.818
15	木材加工和木、竹、藤、棕、草制品业	0.229	0.229	1.754
16	家具制造业	0.766	0.861	1.173
17	造纸及纸制品业	0.380	1.043	1.219
18	印刷和记录媒介复制业	0.935	0.641	1.235
19	文教、工美、体育和娱乐用品制造业	0.647	1.628	0.773
20	石油加工、炼焦及核燃料加工业	0.710	1.219	0.986
21	化学原料及化学制品制造业	0.348	1.113	1.191
22	医药制造业	1.872	0.857	0.739
23	化学纤维制造业	—	—	—
24	橡胶和塑料制品业	0.202	1.057	1.281
25	非金属矿物制品业	0.748	0.512	1.384
26	黑色金属冶炼和压延加工业	0.035	0.985	1.389
27	有色金属冶炼和压延加工业	0.237	2.037	0.696
28	金属制品业	0.287	0.981	1.292
29	通用设备制造业	0.745	1.315	0.917
30	专用设备制造业	0.852	1.123	0.987
31	汽车制造业	2.428	0.864	0.516
32	铁路、船舶、航空航天和其他运输设备制造业	0.865	2.012	0.463
33	电气机械和器材制造业	0.802	1.047	1.050
34	计算机、通信和其他电子设备制造业	2.218	1.503	0.226

续表

序号	行业	北京	天津	河北
35	仪器仪表制造业	2.973	0.525	0.499
36	其他制造业	1.256	1.594	0.552
37	废弃资源综合利用业	0.091	2.418	0.531
38	金属制品、机械和设备修理业	3.164	0.815	0.255
39	电力、热力生产和供应业	2.845	0.395	0.626
40	燃气生产和供应业	2.792	0.621	0.514
41	水的生产和供应业	2.183	0.963	0.555

从表 6–3 到表 6–7 中可以发现，2012 ~ 2016 年，北京的 41 个细分工业行业中，由于数据缺失，石油和天然气开采业、有色金属矿采选业、开采辅助活动、其他采矿业、烟草制品业、化学纤维制造业等行业未参与计算；医药制造业，汽车制造业，计算机、通信和其他电子设备制造业，仪器仪表制造业，其他制造业，金属制品、机械和设备修理业，电力、热力生产和供应业，燃气生产和供应业，水的生产和供应业，这些行业的区位熵在这 5 年中均大于 1。其中，医药制造业，金属制品、机械和设备修理业等行业的区位熵持续上升，产业比较优势不断提升。计算机、通信和其他电子设备制造业，仪器仪表制造业，金属制品、机械和设备修理业，电力、热力生产和供应业，燃气生产和供应业，区位熵均大于 2。

天津的 41 个细分工业行业中，由于数据缺失，石油和天然气开采业、有色金属矿采选业、非金属矿采选业、开采辅助活动、其他采矿业、烟草制品业、化学纤维制造业未参与计算。食品制造业，纺织服装、服饰业，文教、工美、体育和娱乐用品制造业，化学原料及化学制品制造业，通用设备制造业，专用设备制造业，铁路、船舶、航空航天和其他运输设备制造业，计算机、通信和其他电子设备制造业，其他制造业，废弃资源综合利用业，这些行业的区位熵在这 5 年中均大于 1。

河北的 41 个细分工业行业中，由于数据缺失，石油和天然气开采业、有色金属矿采选业、非金属矿采选业、开采辅助活动、其他采矿业、烟草制品业、化学纤维制造业未参与计算。黑色金属矿采选业，农副食品加工业，纺织业，皮革、毛皮、羽毛及其制品业和制鞋业，木材加工和木、竹、藤、棕、草制品业，家具制造业，造纸及纸制品业，印刷和记录媒介复制业，化学原料及化学制品制造业，橡胶和塑料制品业，非金属矿物制品业，黑色金属冶炼和压延加工业，金属制品业，这些行业的区位熵在这 5 年中均大于 1。

总体而言，从北京、天津和河北的区位熵比较高的行业可以看出，三地的优势行业各有差异：北京在计算机、电力供应业等高新产业和服务行业的优势更加明显；天津在铁路、船舶、航空航天和其他运输设备制造业，服装服饰和文教等方面优势明显；河北的优势产业多集中在制造业。具体见表 6-8 和图 6-3。

表6-8　2012～2016年北京、天津和河北工业产业集聚度测算结果

年份	北京	天津	河北	平均值
2012	1.163	0.99	0.947	1.033
2013	1.071	0.978	0.986	1.012
2014	1.025	0.983	1.001	1.003
2015	1.068	0.993	0.979	1.013
2016	0.982	1.138	0.984	1.036

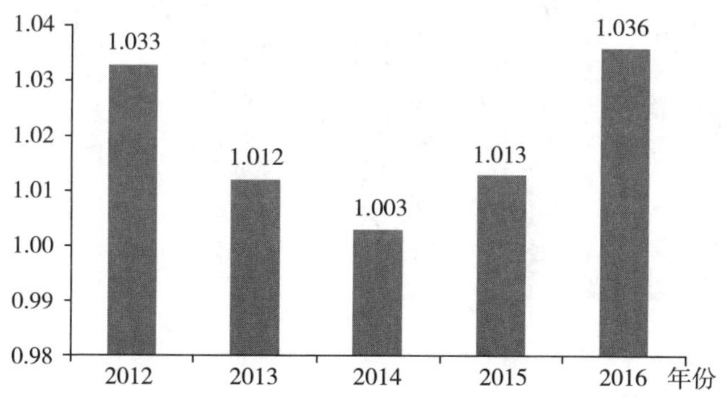

图6-3　2012～2016年北京、天津和河北工业产业集聚度平均值

通过表 5-8 和图 5-3 可看出，2012 ~ 2016 年北京、天津与河北的产业集聚度：数值小于 1，说明该产业的集群化水平较低；北京的产业集聚度大多大于 1，河北、天津的产业集聚度大多小于 1。

四、产业一体化指数

本书采用平均权重法计算产业一体化指数。从动态来看，如果系数不断上升，则产业结构有趋同的趋势；反之，则趋异。如果两个地区的产业结构相似系数高，说明两个地区的产业结构趋同，存在重复建设。因此，在计算加权求和的时候，产业结构相似系数认定为负向指标。2012 ~ 2016年京津冀三地产业一体化指数最终结果如表5-9和图5-4所示。

表6-9　2012 ~ 2016年京津冀产业一体化指数

年份	产业结构相似系数	行业分工指数	产业集聚度	产业一体化指数
2012	0.859	0.807	1.033	0.981
2013	0.863	0.838	1.012	0.986
2014	0.871	0.848	1.003	0.980
2015	0.884	0.865	1.013	0.995
2016	0.893	0.889	1.036	1.032

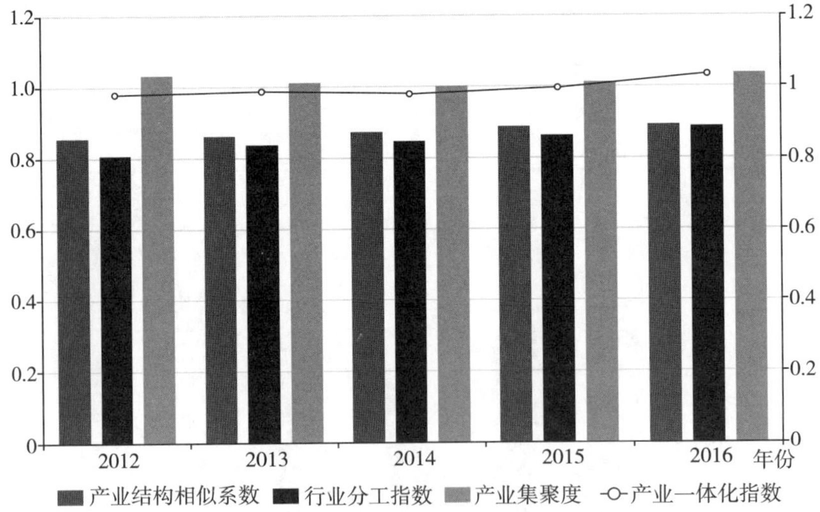

图6-4　2012 ~ 2016年京津冀产业一体化指数

从表 6–9 和图 6–4 中可以看出，2012 ~ 2016 年北京、天津和河北三地的产业一体化指数不断提高。

第三节　京津冀产业一体化发展政策建议

一、在国家政策的宏观指导下把握好功能定位

在国家层面，2015 年 4 月 30 日，中共中央政治局会议审议通过《京津冀协同发展规划纲要》，指出四类需要疏解的非首都功能，包括：一般性产业特别是高消耗产业，区域性物流基地、区域性专业市场等部分第三产业，部分教育、医疗、培训机构等，部分行政性、事业型服务机构和企业总部等。该文件对京津冀协同发展的指导思想、基本原则、发展目标、重大任务、战略举措等，作出了详尽的说明和规划。中央不断出台相关政策为京津冀产业一体化发展规划了蓝图、指明了方向。

在地方政府层面，京津冀地方政府要紧紧围绕《京津冀协同发展规划纲要》等，积极落实相关内容，把握功能定位、找准发展坐标，切实加大协同发展的力度，起到引导者而非主导者的作用。三地政府要突破行政体制分割，统筹区域产业发展，顺应产业一体化的发展趋势，根据京津冀各自的城市功能定位，有目的地引导产业发展。

二、根据行业优势优化产业布局

基于 2012 ~ 2016 年的数据分析，在北京市的 41 个细分工业行业中，优势行业包括：汽车制造业，计算机、通信和其他电子设备制造业，仪器仪表制造业，金属制品、机械和设备修理业，电力、热力生产和供应业，燃气生产和供应业，水的生产和供应业等。在天津市

的 41 个细分工业行业中，优势行业包括：食品制造业，纺织服装、服饰业，文教、工美、体育和娱乐用品制造业，化学原料及化学制品制造业，通用设备制造业，专用设备制造业，铁路、船舶、航空航天和其他运输设备制造业，计算机、通信和其他电子设备制造业等。在河北省的 41 个细分工业行业中，优势行业包括：黑色金属矿采选业，农副食品加工业，纺织业，皮革、毛皮、羽毛及其制品业和制鞋业，木材加工和木、竹、藤、棕、草制品业，家具制造业，造纸及纸制品业，印刷和记录媒介复制业，化学原料及化学制品制造业，橡胶和塑料制品业，非金属矿物制品业，黑色金属冶炼和压延加工业，金属制品业。

京津冀优势行业的特征表明，京津冀各城市发展不同，产业优势亦不同。北京、天津的技术与资本密集型产业发展迅速，而河北在劳动和资源密集型产业方面占有一定的优势。北京要根据城市功能定位，积极发展技术含量高的战略性新兴产业，在科技创新和研发方面发挥优势，并带动周边地区的产业发展。天津应重点发展现代制造业和高技术产业，发展现代物流，发挥海港优势。河北应重点发展钢铁、医药、石油化工、装备制造业、建材、食品、纺织等支柱产业，着力提升制造业整体水平。与此同时，三地应不断完善产业配套体系，推动制造业与服务业融合发展，实现基础设施配套、生产配套、生活配套、创业环境配套。

三、加速三地产业升级转移

京津冀地区由于资源禀赋不同，开发程度及其发展潜力也不相同，不同主体功能区的产业发展面临不同的任务。目前北京市的各种资源有饱和的趋势，“疏解北京非首都功能”提出后，可以通过退出一部分行业的方式，优化京津冀的产业结构，留出这部分空间继续升级产业结构。对河北省来说，吸纳一些转移来的行业会加速转型升级的步伐，形成梯度，促进河北省经济整体转型升级。而天津市临近天津港，拥有良好的制造业发展基础，在先进制造业的成果研发和转化环节具有先天优势，可以持续打造好软硬件平台。京津冀三地应利用各自优势发展不同产业，相互支撑，完善产业链条。

京津冀交通一体化发展指数分析

第一节　数据来源

本章的样本数据均来自《北京统计年鉴》(2013 ~ 2017 年)、《天津统计年鉴》(2013 ~ 2017 年)、《河北经济年鉴》(2013 ~ 2017 年)、《中国统计年鉴》(2013 ~ 2017 年)、《中国城市统计年鉴》(2013 ~ 2017 年)以及国家统计局网站和地方统计局网站。

第二节　数据分析

一、综合交通发展水平

本研究采用路网密度来衡量综合交通发展水平。交通网络密度指单位国土面积上的路网长度，反映区域交通线路的疏密程度。交通运输干线越密集，说明区域内联系越紧密、便捷，交通设施对区域发展的支撑能力越强。

本章作者：刘建朝、亓芳芳。

交通网络密度=（铁路里程+公路里程+水运里程）/地区面积　（7.1）

在这里，暂不考虑水运里程，仅从公路里程和铁路里程两个方面进行统计计算，如表 7–1 和图 7–1 所示。

表7-1　2012 ~ 2016年京津冀综合路网密度统计

年份	地区	综合路网密度（千米/百平方千米）
2012	京津冀	96.02
2013	京津冀	101.91
2014	京津冀	104.34
2015	京津冀	107.44
2016	京津冀	109.38

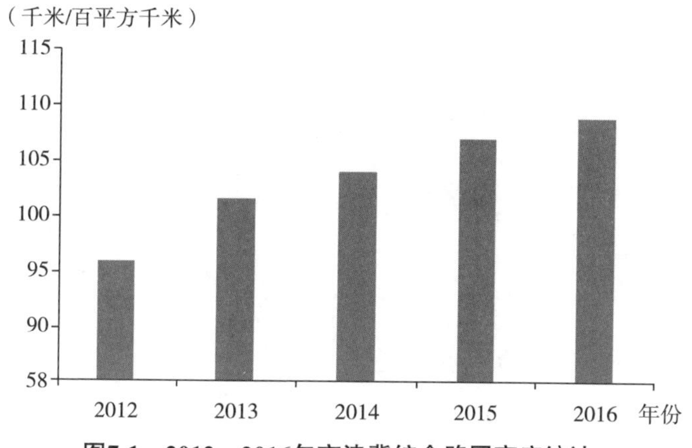

图7-1　2012 ~ 2016年京津冀综合路网密度统计

从表 7–1 和图 7–1 中数据可以看出，2012 ~ 2016 年，京津冀综合路网密度逐年上升。2016 年，综合路网密度达 109.38 千米 / 百平方千米，比 2012 年提升 13.36 千米 / 百平方千米，增幅达 13.92%。

二、枢纽覆盖水平

交通方式的交叉点是两种以上交通方式的衔接点，结合京津冀区域特色，选取海、陆、空三种交通方式，计算规模最大站台的客运周转量和货运周转量，周转量越大，则覆盖度越高（见表 7–2、图 7–2、图 7–3）。

表7-2 2012～2016年京津冀主要枢纽省际周转量覆盖水平

年份	地区	客运周转量（亿人·千米）	货运周转量（亿吨·千米）
2012	北京	421.16	1001.13
2013	北京	254.04	1051.14
2014	北京	273.93	1036.71
2015	北京	279.43	901.41
2016	北京	268.49	825.43
2012	天津	397.9	360.9
2013	天津	376.8	352.3
2014	天津	400.5	297.9
2015	天津	469.7	389
2016	天津	481.44	372.49
2012	石家庄	65.02	71.46
2013	石家庄	72.16	82.60
2014	石家庄	57.80	96.74
2015	石家庄	37.53	102.70
2016	石家庄	30.70	114.81

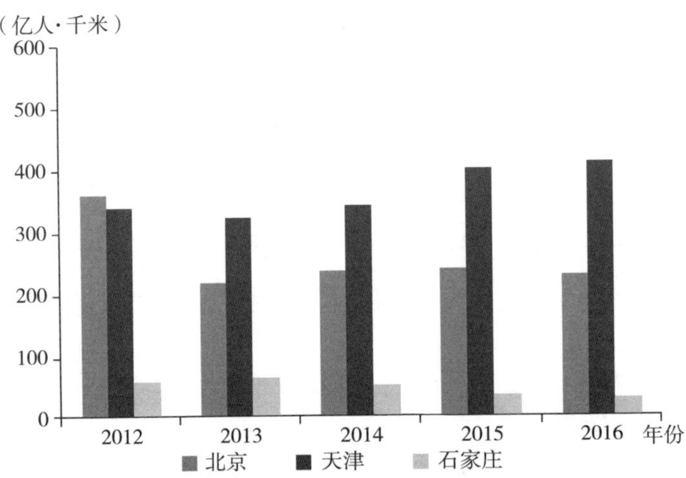

图7-2 2012～2016年京津冀主要枢纽省际客运周转量覆盖水平

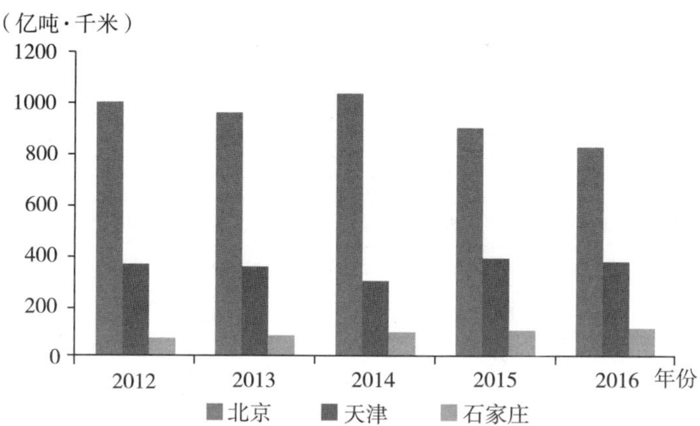

图7-3　2012～2016年京津冀主要枢纽省际货运周转量覆盖水平

从表7–2、图7–2和图7–3可以看出，京津冀的主要交通枢纽北京、天津、石家庄具有典型的层级差异。如客运周转量，北京、天津的明显高于石家庄。货运周转量天津、石家庄与北京差距则相对较大。

从表7–3、图7–4、图7–5、图7–6可以看出，京津冀的主要交通枢纽北京、天津、石家庄的铁路客运量、公路客运量、民用航空客运量同样具有典型的层级差异和区域分工特点，尤其体现在民用航空客运量指标上。北京作为全国交通枢纽，其民用航空客运量与天津和石家庄相比同样具有倍数量级。北京2016年民用航空客运量高达7172万人，是同年天津1503万人的将近5倍、石家庄308万人的23倍多。

表7-3　2012～2016年京津冀主要枢纽客运枢纽覆盖水平

年份	地区	铁路客运量（万人）	公路客运量（万人）	民用航空客运量（万人）
2012	北京	10398	129918	6100
2013		10315	132333	6389
2014		11588	52481	6752
2015		12609	52354	6752
2016		14589	49931	7172

续表

年份		铁路旅客运量（万人）	公路客运量（万人）	民用航空客运量（万人）
2012	天津	2970	24483	1080
2013		3352	24980	1186
2014		3686	14530	1382
2015		4054	14218	1503
2016		4000	14528	1503
2012	石家庄	1100	12436	402
2013		1100	13793	485.2
2014		1100	12205.6	511.1
2015		1100	6641.2	560.1
2016		1100	5811.5	308

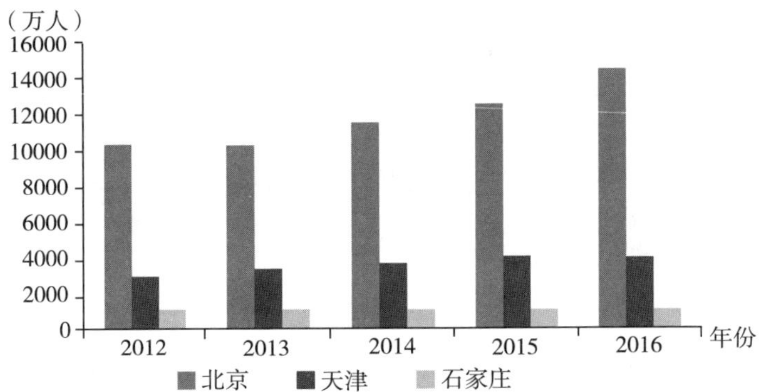

图7-4 2012～2016年京津冀主要枢纽铁路客运量覆盖水平

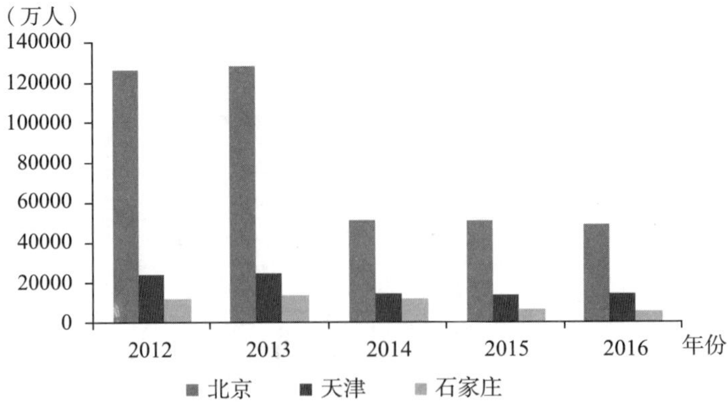

图7-5 2012～2016年京津冀主要枢纽公路客运量覆盖水平

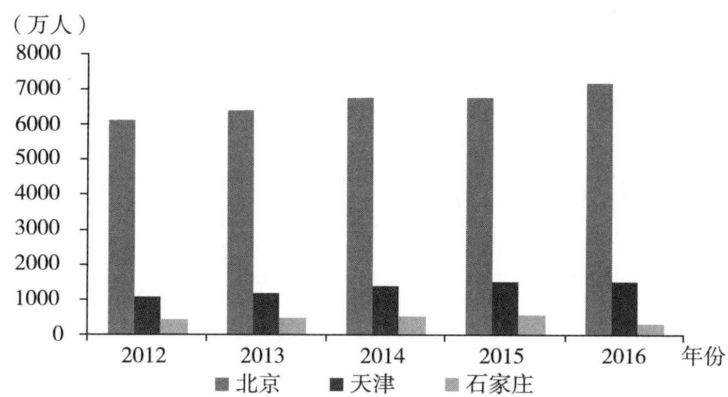

图7-6　2012～2016年京津冀主要枢纽民用航空客运量覆盖水平

从表 7-4、图 7-7、图 7-8、图 7-9 可以看出，京津冀的主要交通枢纽北京、天津、石家庄的铁路货运量、公路货运量、民用航空货运量具有区域分工特点。在货运方面，天津的表现较为突出，2016 年的铁路货运量是北京和石家庄的近 7 倍，公路货运量达到 33724 万吨，同样超过北京的 19044 万吨和石家庄的 27980.7 万吨。

表7-4　2012～2016年京津冀主要枢纽货运枢纽覆盖水平

年份	地区	铁路货运量（万吨）	公路货运量（万吨）	民用航空货运量（万吨）
2012	北京	1380	23276	131
2013		1232	24925	134
2014		1078	24651	136
2015		1132	25416	149
2016		1287	19044	158
2012	天津	7909	27735	313
2013		8446	31985	319
2014		8872	31130	311
2015		8377	33724	337
2016		8500	33724	337

续表

年份	地区	铁路货运量（万吨）	公路货运量（万吨）	民用航空货运量（万吨）
2012	石家庄	1400	22870	2.1
2013		1400	27351	3.97
2014		1400	34489.8	4.3
2015		1400	24141.6	4.6
2016		1400	27980.7	2.5341

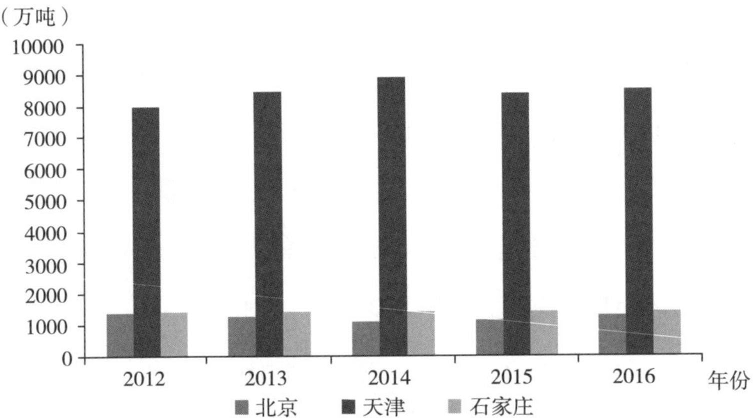

图7-7　2012～2016年京津冀主要枢纽铁路货运量覆盖水平

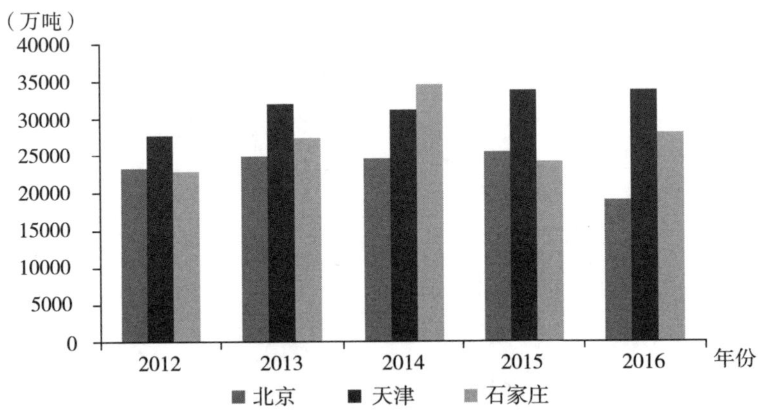

图7-8　2012～2016年京津冀主要枢纽公路货运量覆盖水平

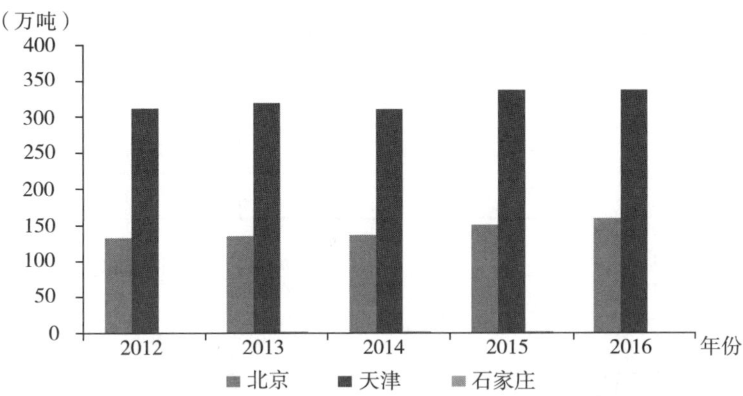

图7-9 2012～2016年京津冀主要枢纽民用航空货运量覆盖水平

三、交通网络运输水平

本书采用交通可达性来衡量交通网络运输水平。

1. 节点平均交通里程

节点平均交通里程是节点与节点之间最短公路里程的平均值。该指标偏重于从空间距离的角度衡量节点的可达性，并能够表达可达性水平的变化状况。其与路网分布和节点位置相关，而与路网技术等级无关，表达式如下。

$$D_i = \frac{1}{N}\sum_{j=1}^{n} D_{ij} \tag{7.2}$$

公式中，D_i 表示节点 i 的平均交通里程，值越小表示节点可达性越优；D_{ij} 表示节点 i 和 j 间的最短交通里程；N 为节点数。京津冀地区平均交通公路里程、铁路里程如表 7-5、表 7-6 所示。

表7-5 京津冀地区平均公路里程 单位：千米

地区	始终点	N（个）	D_{ij}	D_i
京津冀	北京—天津	3	292.2	292.7
	天津—石家庄	3	315.9	316.9
	石家庄—北京	3	284.7	292.2

表7-6 京津冀主要枢纽平均铁路里程 单位：千米

地区	始终点	N（个）	D_{ij}	D_i
京津冀	北京—天津	3	183.17	61.06
	天津—石家庄	3	562.75	187.58
	石家庄—北京	3	355.00	118.33

从表 7–5 看出，北京、天津、石家庄两两之间的平均公路交通节点为 3 个，北京—天津的平均公路里程为 292.7 千米，天津—石家庄的平均公路里程为 316.9 千米，石家庄—北京的平均公路里程为 292.2 千米。

从表 7–6 看出，北京、天津、石家庄两两之间的平均铁路交通节点为 3 个，北京—天津的平均铁路里程为 61.06 千米，天津—石家庄的平均铁路里程为 187.58 千米，石家庄—北京的平均铁路里程为 118.33 千米。

2. 节点平均旅行时间

节点平均旅行时间是节点到区域其他各节点最短旅行时间，偏重于从时间节约的角度来衡量节点的通达水平，且能够直观地表现可达性水平及其变化，该指标除与路网分布、路网技术等级等因素有关外，还受到交通组织的影响。节点平均旅行时间的公式如下。

$$A_i = \frac{1}{N}\sum_{j=1}^{n} T_{ij} \tag{7.3}$$

公式中，A_i 为节点 i 的平均旅行时间，值越小表示节点的可达性越优；T_{ij} 表示节点 i 通过交通网络中时间最短的路径到达节点 j 的最短旅行时间（见表 7–7、表 7–8）。

表7-7 京津冀主要枢纽平均公路旅行时间 单位：小时

地区	始终点	N	T_{ij}	A_i
京津冀	北京—天津	3	2.13	3.04
	天津—石家庄	3	3.65	3.04
	石家庄—北京	3	3.33	3.04

表7-8　京津冀主要枢纽平均铁路旅行时间　单位：小时

地区	始终点	N	T_{ij}	A_i
京津冀	北京—天津	3	0.58	2.36
	天津—石家庄	3	3.50	2.36
	石家庄—北京	3	3.00	2.36

从表 7–7 可以看出，京津冀地区平均公路旅行时间均为 3.04 小时。

从表 7–8 可以看出，京津冀地区平均铁路旅行时间均为 2.36 小时。

3. 优势度

交通优势度是评价交通优劣的集成指标，核心是以包括评价区域在内的更大区域系统为平台，以定量手段从相对角度判别各区域单元交通条件的优劣势和级别高低。公路是京津冀区域内经济联系的主导交通方式，县市交通路网密度和区内可达性主要基于公路交通进行度量。考虑到铁路是省际经济联系的主导交通方式，节点省际可达性基于铁路客运网络度量。

区位优势度指各县域单元与区域关键节点的通达程度，以各城市与京津冀中心城市的平均最短通勤时间表示，值越小表示受中心城市辐射带动作用越强，发展潜力越大，区位优势度越高（见表 7–9）。

从表 7–9 可以看出，京津冀各城市之间平均最短通行时间差异较大。就铁路而言，京津之间已进入半小时通勤圈，石家庄与北京、天津形成 1 小时通勤圈，但与其他城市之间则差异很大，邢台与石家庄仅为 0.45 小时，承德与石家庄高达 8.88 小时，说明京津冀的铁路建设仍需提速。就公路而言，京津冀的通勤时间明显长于铁路，平均在 2 ～ 6 小时，说明京津冀之间的公路网仍需进一步完善提升。

表7-9 京津冀地区平均最短通行时间

城市群	始终点	平均最短通行时间（小时）	
		铁路	公路
京津冀	唐山—石家庄	2.45	4.90
	秦皇岛—石家庄	3.08	6.03
	邯郸—石家庄	0.47	2.25
	邢台—石家庄	0.45	1.88
	保定—石家庄	0.58	1.98
	张家口—石家庄	9.55	4.82
	承德—石家庄	8.88	5.73
	沧州—石家庄	2.62	2.82
	廊坊—石家庄	3.95	3.43
	衡水—石家庄	1.53	1.87
	天津—石家庄	1.45	3.78
	北京—石家庄	1.12	3.33

四、交通一体化发展指数

从表7-10、图7-10可以看出，京津冀的枢纽覆盖水平整体呈上升趋势，从2012年的0.117上升到2016年的0.131，在2014年略有波动;交通网络运输水平整体稳定保持在0.159；综合交通发展水平略有上升，从2012年的0.307上升到2016年的0.333。

表7-10 2012～2016年京津冀交通一体化发展指数

指标	2012年	2013年	2014年	2015年	2016年
综合交通发展水平	0.307	0.317	0.322	0.329	0.333
枢纽覆盖水平	0.117	0.128	0.125	0.126	0.131
交通网络运输水平	0.159	0.159	0.159	0.159	0.159
交通一体化发展指数	0.583	0.603	0.606	0.614	0.623

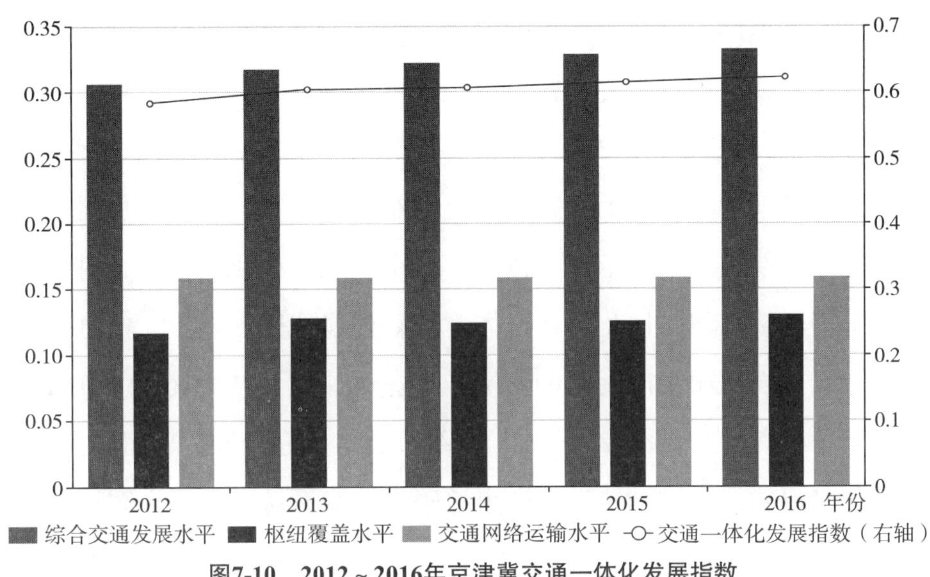

图7-10　2012～2016年京津冀交通一体化发展指数

第三节　京津冀交通一体化发展政策建议

交通是社会发展的基础性和先导性产业，为了使京津冀完全摆脱交通运输“瓶颈”的制约，打通交通运输大动脉，打破“一亩三分地”的传统观念，强化“一盘棋”意识，交通运输发展要兼顾远近，以交通基础设施网络、交通运输服务和交通运输科技进步为突破口，推动交通运输综合发展，实现新的跨越。

一、不断加快交通基础设施的建设步伐，形成交通基础网络

要提高交通运输服务质量和优化交通运输结构，必须在交通运输供给能力略高于交通运输需求的基础上进行。

第一，不断扩大交通网络规模，提高网络密度和可达性，尤其是贫困地区高速公路建设、农村公路改建等。第二，不断优化交通网络

结构，促进不同运输方式的协调发展。加强河北部分地区高速公路建设，加快轻轨、地铁等交通建设。全面推进公路、铁路、港口、航空等工程建设，进一步完善综合交通运输体系。第三，发展综合运输能力，提高骨干网运输能力。第四，合理布局综合交通枢纽，加强交通方式之间的衔接。按照枢纽一体化、城市空间一体化的原则，科学规划和合理配置枢纽一体化，在整体上规划建设线路、站点、信息传输等设施，加强枢纽集散交通的衔接和支撑，加强与城市交通的有机衔接，促进客货运的“零转移”和“无缝衔接”，充分发挥枢纽的布局、辐射和交流功能。推动轨道、城市道路、公交系统等与综合客运枢纽紧密衔接，实现多种交通方式的顺畅换乘、无缝衔接。

二、不断降低交通运输成本，提升交通运输服务质量

第一，降低运输成本，不断提高运输效率。通过改善综合运输系统的结构和提高运输效率，实现交通资源的统一规划和合理利用，避免重复建设、铺张浪费。通过引导产业合理布局，引导合理运输消费，有效节约建设资金和土地资源。第二，注重社会公平，保障普遍服务。推进京津冀交通出行信息共享，汇集公路、铁路、水运、航空等方面的相关信息，努力使全社会都能享受到现代交通带来的便利。建设京津冀地区运输公共管理和信息服务平台，加强交通运输在帮助人们脱贫和提高生活质量方面的作用。第三，加强交通安全体系建设，确保交通安全。加强交通安全制度建设，充分体现以人为本的交通安全要求，加强绿色交通理念，完善以交通设施设备规划、设计和建设为重点的交通安全管理及技术体系，建立全方位、全天候、快速反应的交通安全保障体系。

第八章

京津冀社会一体化发展指数分析

第一节　数据来源

本章数据主要来源于《北京统计年鉴》（2007 ~ 2017 年）、《天津统计年鉴》（2007 ~ 2017 年）、《河北经济年鉴》（2007 ~ 2017 年）、《中国统计年鉴》（2007 ~ 2017 年）以及国家统计局网站。

第二节　数据分析

一、京津冀社会结构差异水平实证分析

社会结构差异水平考察的是区域社会结构领域（主要指资源与机会分配）的均衡性，本研究选取了地区城镇化率差异系数、劳动适龄人口占比差异系数、城乡收入比差异系数、基尼系数、中产阶层人口占比差异系数 5 个三级指标。需要说明的是，考虑到指标数据的可获

本章作者：谢寿光、吴丹。

得性和可对比性，基尼系数、中产阶层人口占比差异系数由于各地区数据的统计口径不一致，无法做横向对比，暂未纳入本次指数的数据分析。

从社会结构差异水平系数来看，京津冀地区城镇化率水平的差异越来越小，地区发展水平逐步均衡；青壮年劳动人口占比的差异系数水平变化不大；城乡收入比差异系数在 2015 年上升比较明显，2016 年略微下降，说明城乡收入比的差异在京津冀之间是有波动的。城乡收入比的地区差异越大，说明区域间发展水平差异越大（见表 8–1、图 8–1）。

表8-1　2012～2016年京津冀地区社会结构差异水平系数

指标	2012年	2013年	2014年	2015年	2016年
地区城镇化率	0.25	0.24	0.23	0.21	0.20
青壮年劳动人口占比	0.05	0.04	0.05	0.05	0.04
城乡收入比	0.07	0.10	0.10	0.14	0.13
社会结构差异水平系数	0.12	0.13	0.13	0.13	0.13

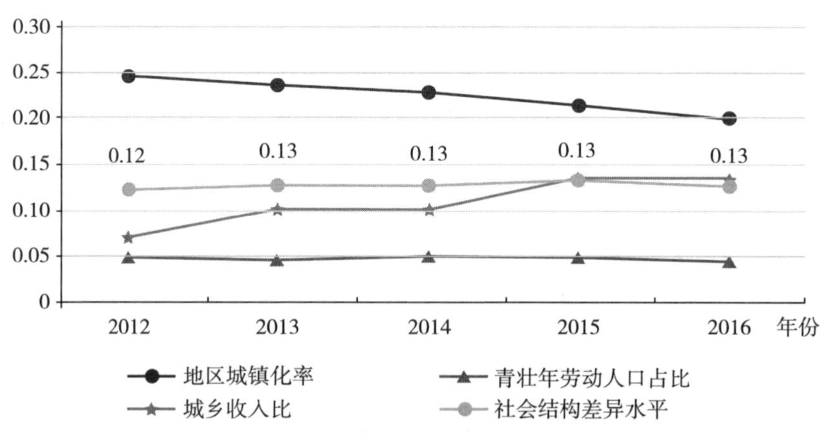

图8-1　2012～2016年京津冀地区社会结构差异系数变化趋势

1. 城镇化率差异系数

从 2012 ～ 2016 年京津冀地区城镇化率数据来看，与北京、天津的城镇化率相比，河北的城镇化率水平较低，但近年来增速较快。所以，三地的差异水平逐年降低。从城镇化率这个指标来看，京津冀三地朝着均衡的方向发展（见表8–2）。

表8-2　2012 ~ 2016年京津冀地区城镇化率差异系数

年份	差异系数
2012	0.25
2013	0.24
2014	0.23
2015	0.21
2016	0.20

2. 城乡收入比差异系数

城乡收入比是城镇居民人均可支配收入与该地区农村人均纯收入的比值，该比值越高，说明城乡收入差距越大。从图8–2来看，2006 ~ 2016年，北京的城乡收入比先下降后上升，天津的城乡收入比先上升后下降；河北在2010年后始终处于下降趋势。

从差异系数来看，2012年以来，城乡收入比的差异系数不降反增（见表8–3）。

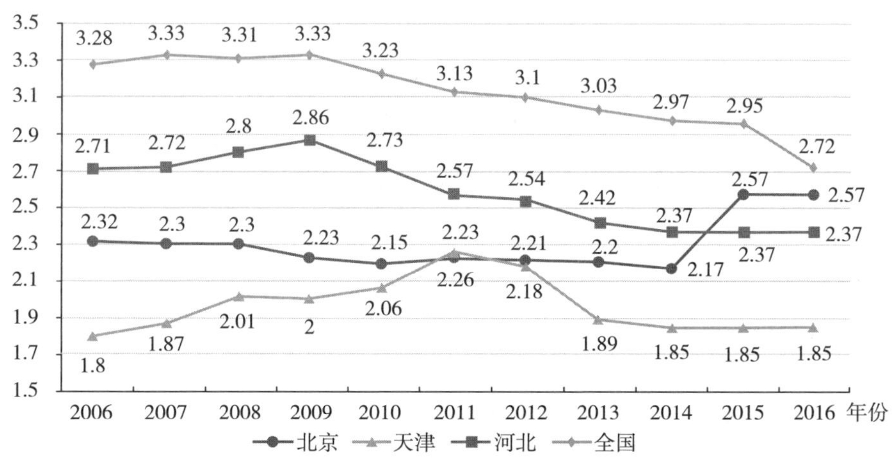

图8-2　2006 ~ 2016年京津冀地区及全国城乡收入比

表8-3 2012～2016年京津冀地区城乡收入比差异系数

年份	差异系数
2012	0.07
2013	0.10
2014	0.10
2015	0.14
2016	0.13

3. 劳动适龄人口占比差异系数

为保持数据统计口径的统一，本研究的劳动适龄人口指 15 ～ 64 周岁的人口。从图 8-3 来看，2006 ～ 2016 年，北京的劳动适龄人口占比在 2011 年达到峰值，此后逐年下降；同期天津的劳动适龄人口占比有波动，2015 年和 2011 年都是峰值，但到 2016 年下降速度加快；河北的峰值出现得更早，2008 年以后该比值就逐年下降了。因为京津冀在 2012 ～ 2016 年整体上都是下降的趋势，所以从三地的差异系数来看，变化不是很大（见表 8-4）。

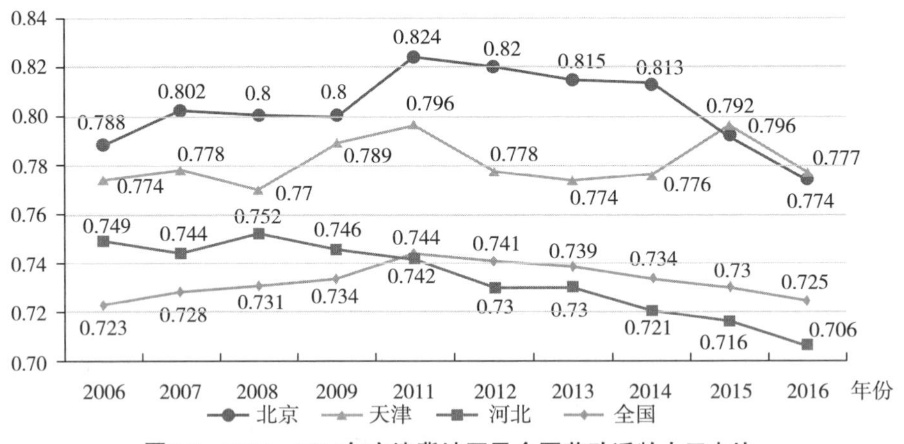

图8-3 2006～2016年京津冀地区及全国劳动适龄人口占比

表8-4　2012～2016年京津冀地区劳动适龄人口占比差异系数

年份	差异系数
2012	0.05
2013	0.04
2014	0.05
2015	0.05
2016	0.04

二、京津冀社会保障差异水平实证分析

社会保障差异水平考察的是区域内社会保障事业发展的状况，本研究选取了城镇职工基本养老保险参保人数占比差异系数、城镇职工基本医疗保险参保人数占比差异系数、最低生活保障人数占比差异系数 3 个三级指标。

从图 8–4 来看，京津冀三地社会保障差异系数在 2014 年达到峰值后出现下降的趋势，但 2016 年的差异系数为 0.57，仍然高于 2012 年的 0.54。从这个角度来说，京津冀三地在社会保障水平方面的差距仍然较大，社会保障方面的一体化水平仍有待提高（见表 8–5）。

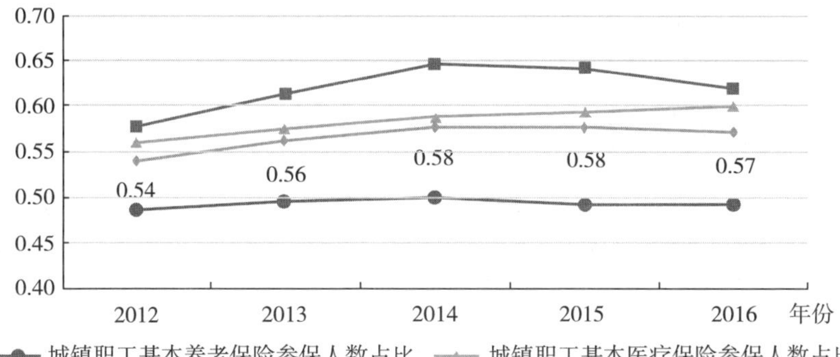

图8-4　2012～2016年京津冀地区社会保障水平差异系数变化趋势

表8-5 2012～2016年京津冀地区社会保障水平差异系数

指标	2012年	2013年	2014年	2015年	2016年
城镇职工基本养老保险参保人数占比	0.48	0.49	0.50	0.49	0.49
城镇职工基本医疗保险参保人数占比	0.56	0.57	0.59	0.59	0.60
最低生活保障人数占比	0.58	0.61	0.65	0.64	0.62
社会保障水平差异系数	0.54	0.56	0.58	0.58	0.57

1. 城镇职工基本养老保险参保人数占比差异系数

从图 8-5 可以看出，2006 ～ 2016 年，京津冀地区城镇职工基本养老保险参保人数及其在总人口中的占比是不断增长的。其中，北京增长的幅度较大，以至于拉大了它和天津、河北的差距。

从差异系数来看，2012 ～ 2016 年，京津冀地区的城镇职工基本养老保险参保人数没有明显的增加，也就是说差距仍然是有的（见表 8-6）。

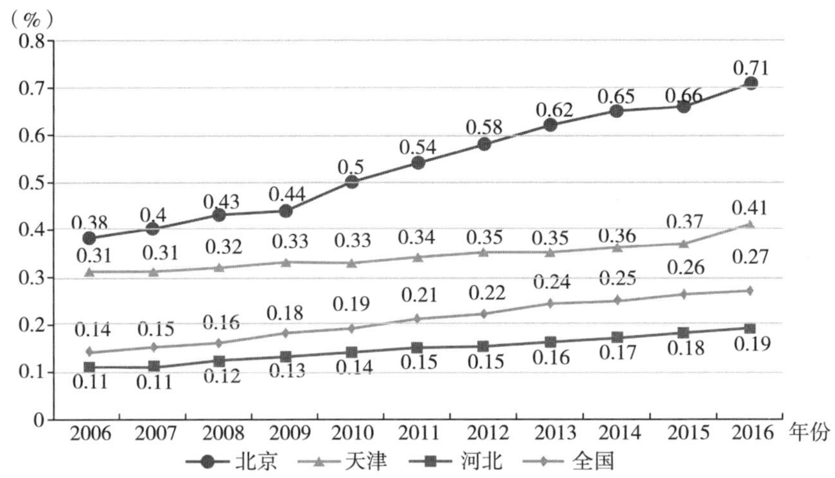

图8-5 2006～2016年京津冀地区及全国城镇基本养老保险参保人数占比

表8-6 2012～2016年京津冀地区城镇职工基本养老保险参保人数占比差异系数

年份	差异系数
2012	0.48
2013	0.49
2014	0.50
2015	0.49
2016	0.49

2. 城镇职工基本医疗保险参保人数占比差异系数

从图 8–6 来看，2006 ~ 2016 年，京津冀地区城镇职工基本医疗保险参保人数也是连续上升，但跟基本养老保险相似的是，北京的上升速度明显超过了天津和河北，导致 2012 ~ 2016 年这一指标的差异系数不降反升（见表 8–7），也就是说，区域间的差距有所扩大。

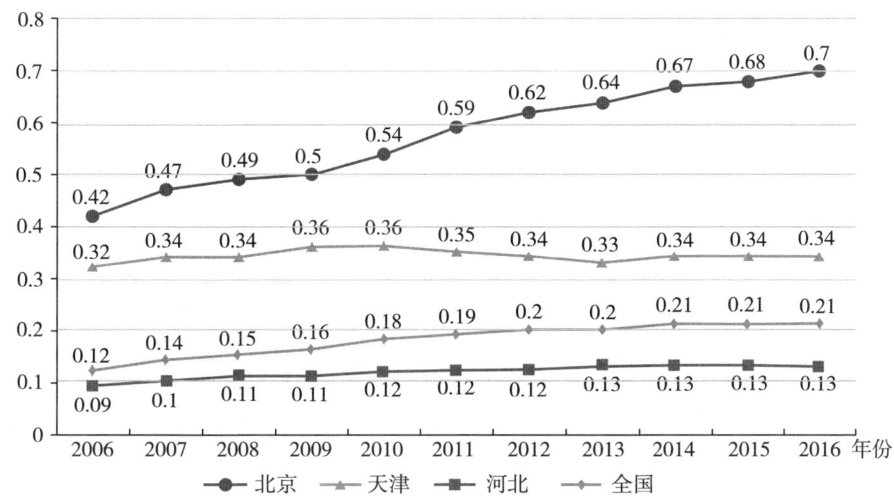

图8-6　2006 ~ 2016年京津冀地区及全国城镇基本医疗保险参保人数占比

表8-7　2012 ~ 2016年京津冀地区城镇职工基本医疗保险参保人数占比差异系数

年份	差异系数
2012	0.56
2013	0.57
2014	0.59
2015	0.59
2016	0.60

3. 最低生活保障人数占比差异系数

从图 8–7 可以看出，京津冀地区的最低生活保障人数及其占比是逐年减少和降低的。其中，河北省的低保人数占比较高，但其下降速度也较快。

从差异系数来看，2014 年差异系数最高，2015 年开始下降（见表 8–8）。从中可以看出，近几年的精准扶贫工作还是很有成效的，低收入人群数量得到了控制。

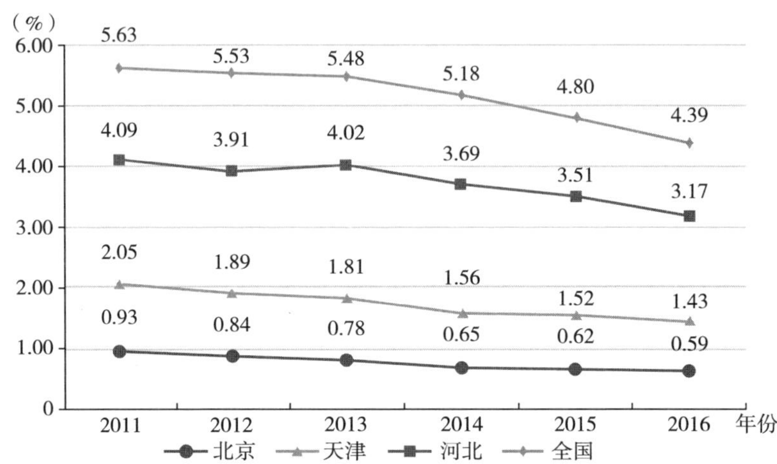

图8-7 2011～2016年京津冀地区及全国最低生活保障人数占比

表8-8 2012～2016年京津冀地区最低生活保障人数占比差异系数

年份	差异系数
2012	0.58
2013	0.61
2014	0.65
2015	0.64
2016	0.62

三、京津冀公共服务均衡水平实证分析

公共服务均衡水平由区域内主要公共服务指标的差异系数来体现，这个二级指标选取了财政性文化体育、传媒支出占比差异系数，人均地方财政教育支出差异系数，每万人执业医师数差异系数，每万人发明专利数差异系数，每万人社会组织数差异系数作为三级指标。

从表 8–9、图 8–8 来看，在京津冀三地，每万人发明专利数的差异系数最大（在 0.7 左右徘徊），也就是差距最大；每万人社会组织数的差异系数最小（不到 0.3）；每万人执业医师数的差异系数从 2013 年以后就下降到 0.3 以下了。

表8-9　2012 ~ 2016年京津冀地区公共服务均衡水平差异系数

指标	2012年	2013年	2014年	2015年	2016年
财政性文化体育、传媒支出占比	0.46	0.40	0.38	0.37	0.37
人均地方财政教育支出	0.35	0.38	0.40	0.37	0.36
每万人执业医师数	0.27	0.44	0.27	0.28	0.27
每万人发明专利数	0.68	0.68	0.72	0.67	0.68
每万人社会组织数	0.21	0.24	0.23	0.22	0.25
公共服务均衡水平	0.40	0.43	0.40	0.38	0.39

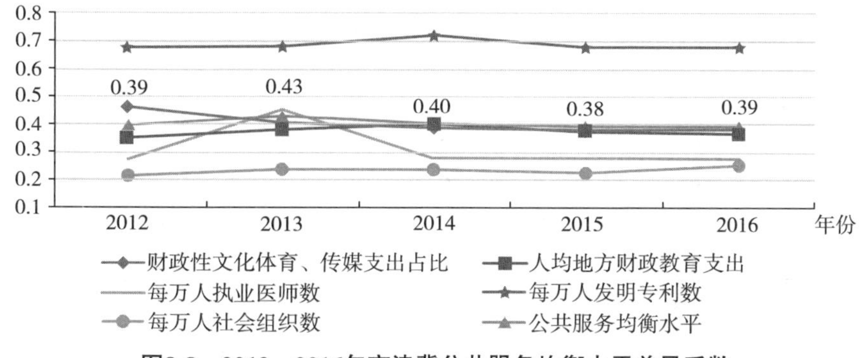

图8-8　2012 ~ 2016年京津冀公共服务均衡水平差异系数

1. 财政性文化体育、传媒支出占比差异指数

从表 8-10 可以看出，2012 ~ 2016 年，京津冀地区的财政性文化体育、传媒支出是逐年下降的。而从图 8-9 来看，2007 ~ 2016 年这一指标北京远远高于天津、河北和全国的平均水平；2009 年以后，天津、河北两地的这一指标低于全国平均水平。从这几年的情况来看，北京的占比从 2011 年的 2.68% 上升到 2012 年的 3.84%，此后又有下降；天津的占比在 2009 年以后是缓慢下降的；河北虽然总量比较低，但占比在 2010 年到 2014 年都是上升的，2015 年、2016 年有所下降。

2012 ~ 2016 年，这一指标的差异系数逐年下降，说明京津冀地区在这一指标上的发展是日益均衡的。

表8-10 2012～2016年京津冀地区地方财政性文化体育、传媒支出占比差异系数

年份	差异系数
2012	0.46
2013	0.40
2014	0.38
2015	0.37
2016	0.37

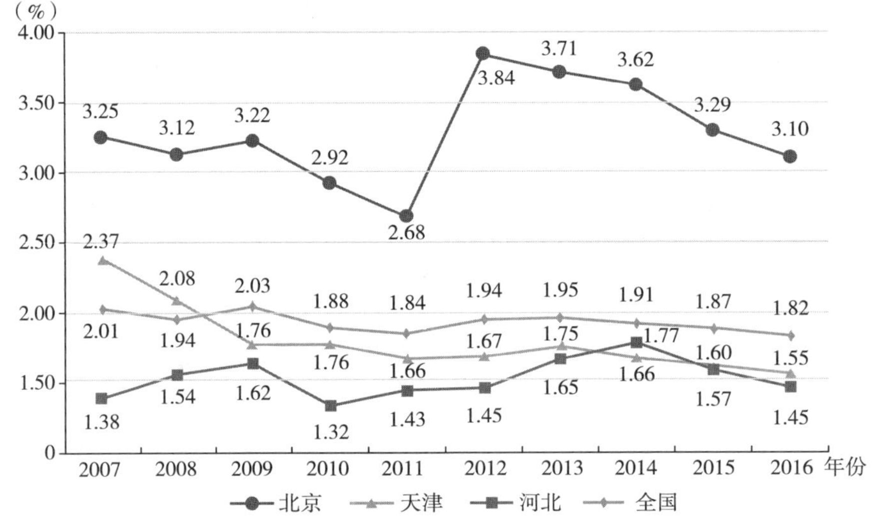

图8-9 2007～2016年京津冀地区及全国财政性文化体育、传媒支出占比

2. 人均地方财政教育支出差异系数

从图8-10可以看出，北京的人均地方财政教育支出在2007～2016年始终高于天津、河北和全国水平，且始终保持增长；排在第二位的是天津，最低的是河北，河北低于全国平均水平。

从差异系数来看，京津冀三地的人均地方财政教育支出从2012～2016年也是逐年缓慢下降的（见表8-11）。也就是说，从这个指标来看，京津冀三地继续朝均衡的方向发展。

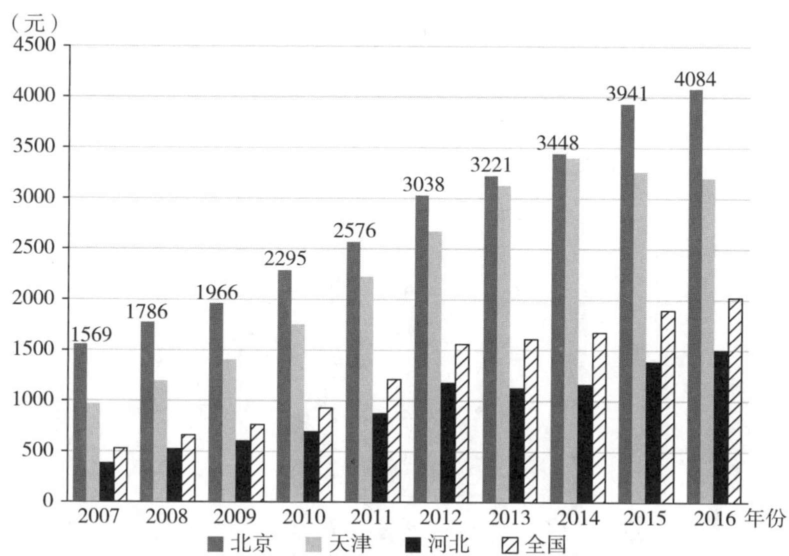

图8-10 2007～2016年京津冀地区及全国人均地方财政教育支出

表8-11 2012～2016年京津冀地区人均地方财政教育支出差异系数

年份	差异系数
2012	0.35
2013	0.38
2014	0.40
2015	0.37
2016	0.36

3. 每万人执业医师数差异系数

从图 8-11 可以看出，2008 ～ 2016 年，京津冀地区及全国每万人执业医师数的数值变化有所起伏。北京的每万人执业医师数最高，远高于全国平均水平，也比排在第二位的天津高了将近一倍，但在数量的变化上有所波动；河北的每万人执业医师数与全国平均水平相似，但始终保持缓慢增长。

从差异系数来看，京津冀地区每万人执业医师数的差距在 2012 ～ 2016 年是缓慢缩小的（见表 8-12）。也就是说，京津冀三地的这一指标也在朝均衡的方向发展。

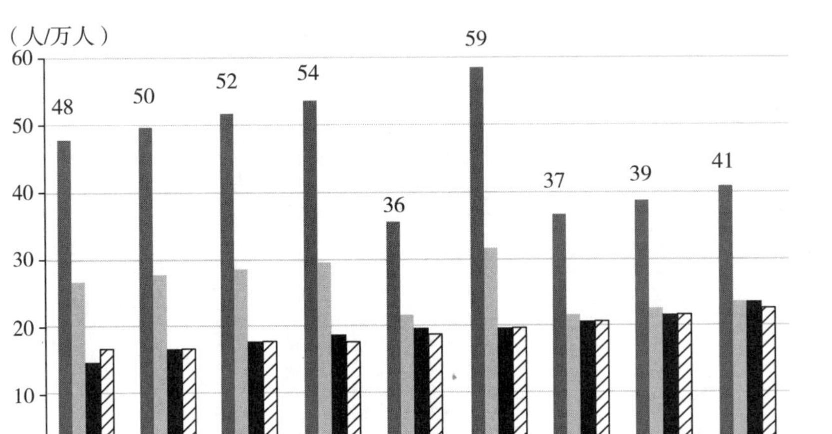

图8-11 2008～2016年京津冀地区及全国每万人执业医师数

表8-12 2012～2016年京津冀地区每万人执业医师数差异系数

年份	差异系数
2012	0.27
2013	0.44
2014	0.27
2015	0.28
2016	0.27

4. 每万人发明专利数差异系数

从图 8-12 来看，2006 ～ 2016 年，京津冀地区及全国每万人发明专利数基本保持增长的态势。每万人发明专利数最多的是北京，其凭借全国领先的创新能力，多年来始终保持增长的态势。与北京、天津相比，河北的基础虽然薄弱，但增速还是比较明显的，也高于全国水平。

从差异系数来看，2012 ～ 2016 年每万人发明专利数与其他几个三级指标相比，差距较大，始终在 0.7 左右（见表 8-13）。

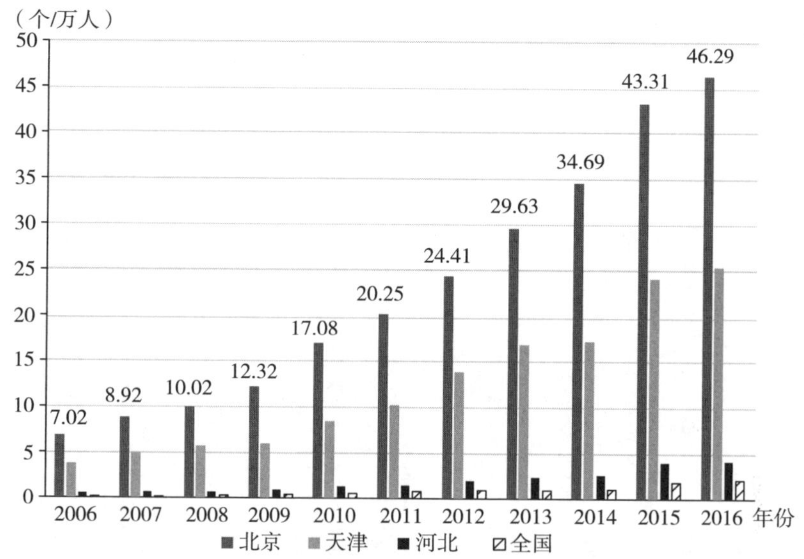

图8-12　2006～2016年京津冀地区及全国每万人发明专利数

表8-13　2012～2016年京津冀地区每万人发明专利数差异系数

年份	差异系数
2012	0.67
2013	0.68
2014	0.72
2015	0.67
2016	0.68

5. 每万人社会组织数差异指数

从图 8-13 可以看出，京津冀地区每万人社会组织数与全国相比并无优势。即便是京津冀地区发展水平最高的北京，到 2016 年，其每万人社会组织数为 4.95 个，还略低于全国的平均数（5.08 个）。而天津、河北则是远低于全国平均水平。

从京津冀地区差异系数来看，每万人社会组织数是 5 个三级指标中差距最小的（见表 8-14），2015 ～ 2016 年略有上涨。

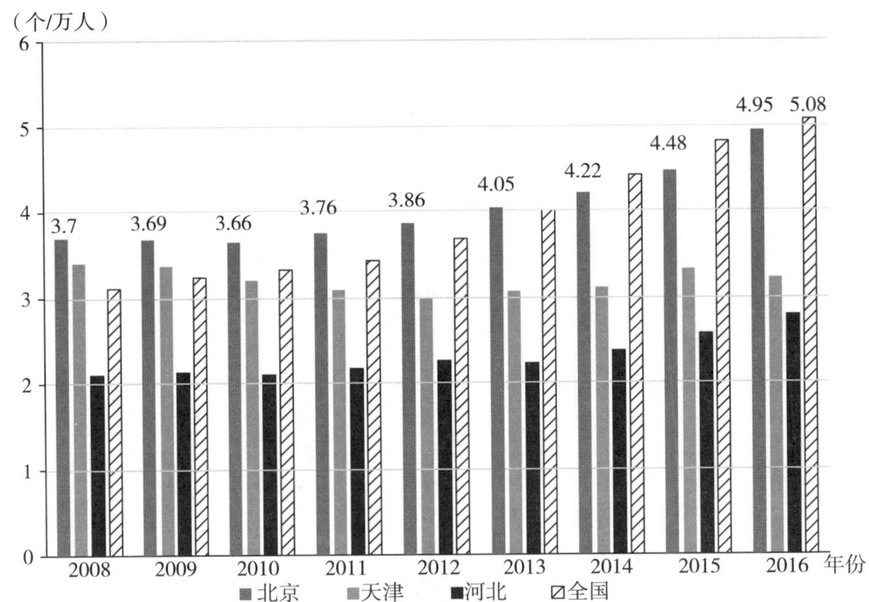

图8-13 2008～2016年京津冀地区及全国每万人社会组织数

表8-14 2012～2016年京津冀地区每万人社会组织数差异系数

年份	差异系数
2012	0.21
2013	0.23
2014	0.23
2015	0.22
2016	0.25

四、京津冀社会一体化发展指数分析

从表 8-15、图 8-14 可以看出，2012 ～ 2016 年京津冀社会一体化指数在 0.63 ～ 0.65。需要说明的是，由于二级指标计算的都是差异系数，差异系数越高，说明一体化指数越低，所以在合成“社会一体化指标”指数时，做了反向处理。

就 3 个二级指标而言，社会结构差异水平最低，始终处于 0.13 以下；社会保障差异水平是最高的，2015 年以后有所下降；公共服务均衡水平差异系数较高，在 0.4 左右。

表8-15　2012～2016年京津冀社会一体化发展指数

指标	2012年	2013年	2014年	2015年	2016年
社会结构差异水平	0.12	0.13	0.13	0.13	0.13
社会保障差异水平	0.54	0.56	0.58	0.58	0.57
公共服务均衡水平	0.39	0.43	0.40	0.38	0.39
社会一体化指数	0.65	0.63	0.63	0.64	0.64

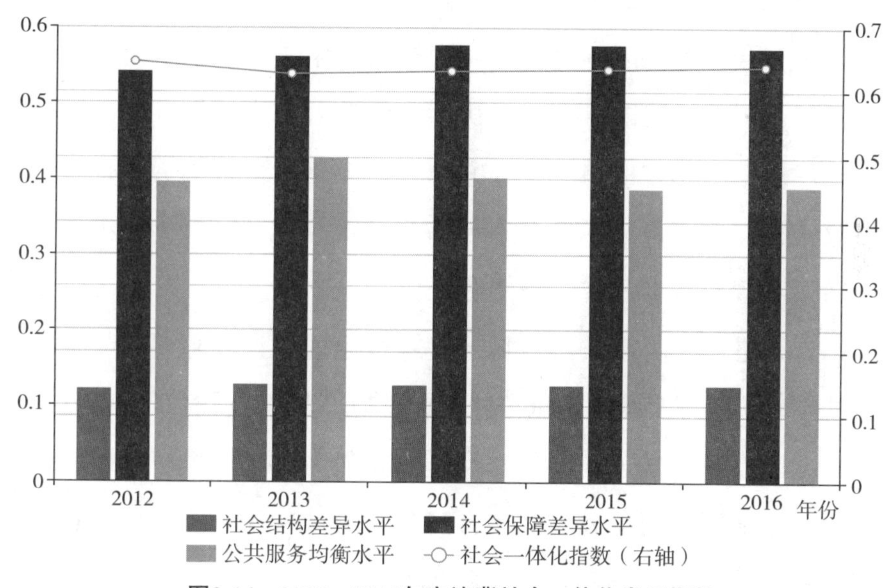

图8-14　2012～2016年京津冀社会一体化发展指数

从前述数据分析来看，京津冀地区的社会一体化差异系数整体不高，且2015年以后有逐步下降的趋势，说明在社会领域的差距逐步缩小。但是，在社会保障领域、部分公共服务领域的差距仍然较大。下一步在推动京津冀地区协同发展过程中，社会一体化及社会建设领域还有很大的提升空间。

第三节　京津冀社会一体化发展政策建议

一、加强顶层设计，明确发展目标

京津冀区域辽阔，经济发展不平衡由来已久，北京被“大城市病”

所困扰，津冀则面临产业转型升级的“瓶颈”，推动该区域经济发展离不开顶层设计与目标管理。

第一，进一步明确基本公共服务均等化、社会政策一体化等目标，在基本公共服务上尽可能实现“底线公平”。在核心城市功能疏解过程中，鼓励和支持京津优质公共服务资源向周边地区辐射。在科技、产业、生态合作示范区内，率先实现社会政策对接和基本公共服务均等化。通过试点经验的推广，尽快形成区域公共服务均等化的制度体系和法律框架。创立区域基本公共服务一体化专项统筹资金，实行横向财政转移支付。设立区域基本公共服务统一标准，稳步推进地区间社会保障对接与基本公共服务待遇互认。

第二，进一步弄清制约区域经济社会全面发展的障碍，寻找消除障碍的路径。有了京津冀协同发展这个顶层设计，就有了发展蓝图。但仅有蓝图是不够的，还必须有高端协调机制，来统筹三地的协同。可以说，京津冀的协同发展离不开三地地方政府的积极作为。在统筹协调过程中，可能会遇到与地方的诉求不一致的情形，乃至产生各类矛盾。因此在协调发展中要摸清各地的利益诉求，取得各方对区域一体化发展、共同发展的共识；要整合各方面的创新活动，重视集成创新，以获得整体收益。

第三，京津冀区域一体化发展目标要坚持“和而不同”格局。正如京津冀蓝皮书所言：区域合作与发展一般要经历由“不和不同”到“同而不和”再到“和而不同”三个阶段。“不和不同”是经济发展初期，区域间缺乏联系，各自进行自我发展阶段；“同而不和”是区域协同发展的初级阶段，各地虽然有形式上的合作，如产业对接、公交一卡通、客运一票式等，但各自仍强调自身利益，尚未形成利益共同体；“和而不同”是区域合作的高级阶段，各有分工，目标一致，是一个有机的利益整体。目前，京津冀发展正在经历从“不和不同”向“同而不和”阶段转变，最终的目标是形成基于资源禀赋和发展条件的“和而不同”格局（京津冀蓝皮书，2016）。

二、做好制度统筹，实现社会政策对接

京津冀社会一体化发展，离不开制度的统筹。结合前述数据分析中指标的不同表现，针对社会保障水平差异较大、公共服务多个指标不均衡的现状，提出以下建议。

在京津冀各科技、产业、生态合作示范区内率先实现社会政策对接和基本公共服务均等化。通过试点经验的推广，尽快形成区域公共服务均等化的制度体系和法律框架。为解决各县（区）财力不均衡的问题，可创立“区域基本公共服务一体化专项统筹资金”，实行横向转移支付。为实现基本公共服务“底线公平”，制定统一的区域基本公共服务标准。

加快推进地区间社会保障对接与基本公共服务待遇互认。积极探索养老、医疗、教育、社会保障等民生领域的合作，在区域内实现基本公共服务待遇互认，实现医疗保险异地结算、职工养老保险互联、居民养老保险互通等，逐步形成京津冀公共服务的协同管理机制。

统筹京津冀公共服务整体发展目标。近期，应通过逐步缩小教育、医疗、社会保障等公共服务的地域差距，推进基本公共服务均等化；中期，初步建立起一体化的制度框架，基本实现区域公共服务一体化；远期，通过实现不同区域和不同社会群体之间公共服务制度的统一、公共服务设施的共享和保障标准的一致等，全面实现公共服务一体化。

三、城镇体系协同创新，促进城镇布局优化

城市群是区域协同发展的重要依托。京津冀城市群的目标是建设世界级城市群，未来应逐步形成“双核、多中心、网络型”的空间格局。通过城镇体系协同创新，促进城镇布局优化与人口有序转移，可从以下五个方面入手。一是明确城市功能定位与规划对接，优化经济人口空间布局。立足各地比较优势和资源环境承载力，科学确定区域内各城市的功能定位，做好京津冀协同创新的总体规划，统筹区域内交通、产业、生态、人口、土地利用等专项规划，促进三地战略与区域规划顶层设计对接。二是优化城镇体系，打造“双核、多中心、网络型”的空间格局。推进城镇体系的协同创新，关键要处理好京津“双核”关系，着力建设石家庄、唐山、保定、廊坊四个区域性中心城市，并打造各自的都市圈。三是发挥核心城市的引领带动作用，通过功能疏解促进人口及产业在空间上的优化布局。核心城市通过功能疏解，一方面要破除自身的发展瓶颈，拓展发展空间，实现阶段跃升；另一方面要带动周边城市和地区发展，缩小北京与环首都贫困带的发展鸿沟，在全国率先闯出一条“中心与外围”共生互动的新路子。四是促进“产城融合”，推进新城及中小城市健康发展。通过制定鼓励和限制政策，引导特大城市的人口、产业向周边新城及中小城镇有序转移，特别是要抓住北京城市产业转移和功能疏解的重大契机，进一步完善新城及中小城镇的公共服务配套设施、生态环境和宜居宜业环境，以增强中小城镇的吸引力和集聚力。五是建立人口流动信息监测平台，实现高效率的人口管理。建立流动人口网络管理中心、信息存储中心、应用控制中心、安全管理中心，实现京津冀流动人口统一数据存储及管理。

第九章

京津冀生态一体化发展指数分析

第一节　数据来源

本章数据来源于《北京统计年鉴》（2013 ～ 2017 年）、《天津统计年鉴》（2013 ～ 2017 年）、《河北经济年鉴》（2013 ～ 2017 年）、《中国统计年鉴》（2013 ～ 2017 年）以及国家统计局网站。

第二节　数据分析

鉴于本章研究重点为年度指标发展趋势，且不同生态质量指标难以找到权重比例的有效依据，在测算中各项指标按照所含子指标数量平均赋予权重，并由四级指标依次汇总计算差异系数。

本章作者：炊国亮。

一、自然资源保护指数

从表9–1、图9–1可以看出，自然资源保护指数各分级指标之间的分化情况相对明显。城乡绿化覆盖率指标趋势平稳且一体化程度高，森林植被保护措施贯彻落实到位。水资源保护指数受资源禀赋影响较大，从2012年的0.59增加到0.65。京津冀地区是极度缺水地区，当地人均水资源量不足300立方米，远低于国际公认的严重缺水标准500立方米，人口规模均严重超过水资源承载能力。而天津、河北地区通过水源涵养、水源供给—消费经济补偿模式，制定水资源保护的产业发展规划，一定程度上推动了水资源供给量，改善了水质，使北京与津冀地区水资源保护指数出现分化趋势，津冀地区指数显现出上升趋势。

表9-1 2012～2016年京津冀自然资源保护指数变动趋势

二级指标	三级指标	2012年	2013年	2014年	2015年	2016年
城乡绿化覆盖率	森林覆盖率	0.47	0.46	0.57	0.46	0.46
	自然保护区比重	0.32	0.31	0.30	0.31	0.31
	综合指数	0.39	0.38	0.44	0.38	0.39
水资源保护指数	地区节水灌溉面积	1.07	1.17	1.17	1.17	1.17
	人均水资源量	0.23	0.22	0.27	0.19	0.39
	生态环境补水量	0.48	0.56	0.44	0.52	0.40
	综合指数	0.59	0.65	0.63	0.63	0.66
土地保护指数	本年增加的耕地面积	0.85	0.85	0.99	0.85	1.15
	人均耕地面积	0.68	0.68	0.79	0.79	0.79
	人工湿地面积	0.13	0.66	0.66	0.66	0.66
	综合指数	0.55	0.73	0.81	0.77	0.87

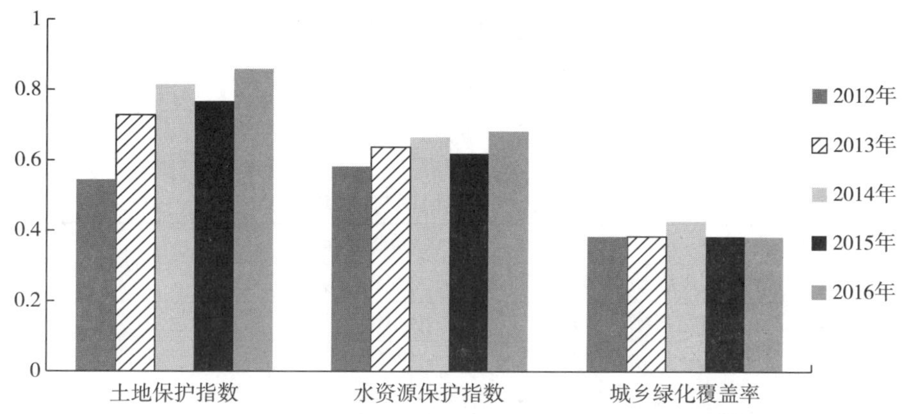

图9-1　2012～2016年京津冀自然资源保护指数变动趋势

京津冀地区耕地生态承载力是占总生态承载力最高的生产要素，耕地的可持续发展对京津冀意义重大。土地保护指数受城镇化发展速度与资源禀赋双重因素影响，一方面京津冀地区城镇化速度存在明显差异，京津地区城镇化水平明显高于全国平均水平，而河北地区城镇化水平相对滞后，区域经济发展不平衡，农业的产业地位引起土地需求量的差别；另一方面自然禀赋如地区面积、地理环境不同，造成土地有效供应量的差异化程度较高，若新增耕地面积增加，两者又存在巨大的基数差，也存在产业结构引起的趋势性差别，由此导致土地保护指数乃至自然资源保护指数的差异系数增大。

二、资源环境利用指数

京津冀地区的雾霾问题倒逼地区政府不断完善大气污染防控机制。作为协同发展战略的顶层设计，治理大气污染是京津冀生态环境协同保护的典型体现。2013 年，京津冀启动大气污染防治协作机制，2014 年 5 月召开京津冀及周边地区大气污染防治协作机制会议，把治理大气污染和改善生态作为京津冀协同发展的重要突破口，通过区域协同发展统筹治理大气污染。2015 年 APEC 会议期间，京津冀地区联合实施天空保卫战，并于当年底签署《京津冀区域环境保护率先突破合作框架协议》（见表 9–2）。

表9-2 京津冀大气污染协同防控措施

时间	协同防控措施
2013年10月	正式启动京津冀及周边地区大气污染防治协作机制
2014年3月	成立京津冀区域大气污染防治小组，明确污染防治重点工作
2014年5月	召开京津冀大气污染防治协作机制会议，通过区域协同发展统筹治理大气污染
2014年11月	APEC蓝天保卫战
2015年8月	再次启动大气污染严控措施，确保抗战胜利70周年阅兵纪念活动对环境的要求
2015年12月	签署《京津冀区域环境保护率先突破合作框架协议》

在相继出台和实施大气污染防治行动方案过程中，京津冀大气污染防治机制得到不断完善，大气污染排放量、单位能耗水平不断下降。伴随空气污染防治措施的执行到位，北京、天津、河北地区空气污染排放的绝对量显著下降，但区域下降幅度不同。以北京、河北为例，2012 ~ 2016 年，北京地区二氧化硫排放量、化学需氧量排放量、氨氮排放总量从 93849 吨、186501 吨、20483 吨下降至 33210 吨、87094 吨和 5576 吨，而河北地区污染物排放量从 1341201 吨、1349141 吨、110730 吨下降到 1108371 吨、1208059 吨和 97272 吨，两者之间趋势相同但相差很大，其原因在于产业结构的差异性。

北京市是典型的“三二一”型产业结构，河北省则属于“二三一”型产业结构，两者的产业相似程度较低，北京市重点发展第三产业，并不断加快产业结构调整和实施产业转移，河北则利用自身制造业优势，积极承接产业制造环节。从区域分工系数来看，京冀地区的工业行业分工系数较高，2016 年达到 1.1 左右，说明两地行业的互补程度在提升，即产业一体化程度不断提高。为了优化区域内产业结构，2013 年 4 月环保部（现为生态环境部）等多部门联合下发《京津冀及周边地区落实大气污染防治行动计划实施细则》，加大落后产能的淘汰力度并提高环保、能耗标准等任务，首次实现煤炭消费的负增长。单位 GDP 能耗水平差异系数也能切实反映这种差距，2012 ~ 2016 年，区域单位 GDP 能耗从 0.22 快速增至 0.48，翻了一番。

此外，同属极度缺水的资源禀赋属性在某种程度上缩小了总体的差异系数（见表 9–3、图 9–2）。

表9-3　2012 ~ 2016年京津冀资源环境保护指数测算结果

二级指标	三级指标	2012年	2013年	2014年	2015年	2016年
空气质量负荷指数	二氧化硫排放	1.01	0.43	1.01	1.02	1.24
	化学需氧量排放	0.91	0.92	0.92	0.92	1.13
	氨氮排放总量	0.79	0.79	0.79	0.80	1.04
	综合指数	0.91	0.71	0.90	0.91	1.13
水资源利用效率	单位GDP用水量	0.69	0.69	0.66	0.66	0.68
	安全饮用水普及率	0.00	0.05	0.33	0.19	0.24
	综合指数	0.35	0.35	0.33	0.33	0.34
能源资源降耗水平	单位GDP能耗(吨标准煤/万元)	0.22	0.34	0.34	0.48	0.48
	综合指数	0.22	0.34	0.34	0.48	0.48

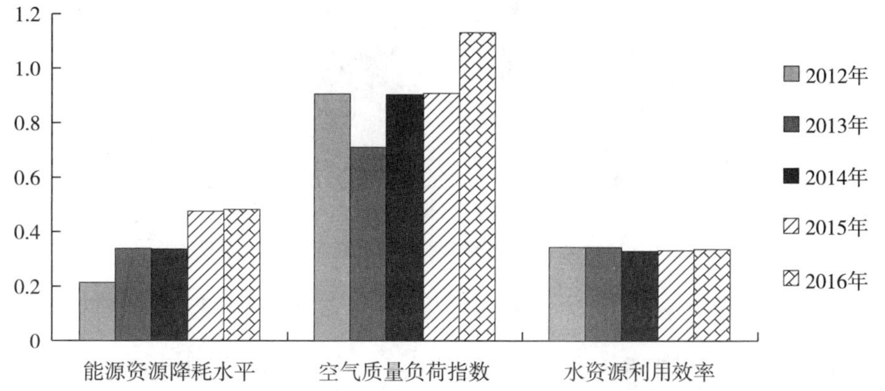

图9-2　2012 ~ 2016年京津冀资源环境利用指数测算结果

三、污染防治指数

从污染防治指数来看，区域生态质量差异性逐渐增加。从各分级指标来看，废弃物处理指数年度差异显著，差异系数较大，保持在 0.9 左右的水平；受地区污染防治政策与执行程度差异的影响，环境污染防治综合指数呈现显著上升趋势（剔除 2014 年 APEC、阅兵活动短期政策措施的影响），从 2012 年的 54.14 上升至 2016 年的 111.36（见表 9–4、图 9–3）。

表9-4　　2012～2016年京津冀资源污染防治指数测算结果

二级指标	三级指标	2012年	2013年	2014年	2015年	2016年
废弃物处理指数	一般工业固体废物处置量	1.35	1.40	1.40	1.39	1.39
	城市生活垃圾无害化处理率	0.09	0.08	0.06	0.08	0.02
	工业废水治理设施处理能力	1.28	1.31	1.31	1.29	1.29
	综合指数	0.91	0.93	0.92	0.92	0.90
环境污染防治综合投资指数	当年完成环保验收项目环保投资	0.54	0.52	0.11	0.91	1.11
	综合指数	0.54	0.52	0.11	0.91	1.11

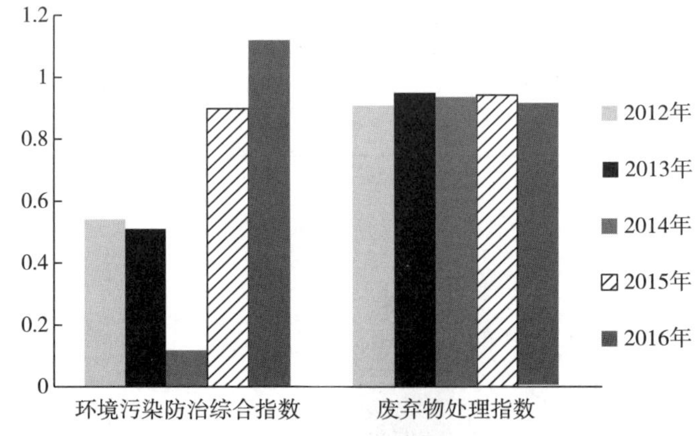

图9-3　2012～2016年京津冀污染防治指数测算结果

从实际情况来看，对一般工业固体废弃物处置量、工业废水治理能力较强，更新周期长，一旦遭受污染，具有放大效应，很难在短期内得到恢复，加上特殊自然条件的限制，对其治理和控制的难度很大，这是京津冀地区亟待解决的重大问题。尤其是河北地区多重矛盾叠加，既要淘汰落后产能，又负有改善京津冀生态环境的重要责任。如何在淘汰落后产能的同时加快经济发展，使公共服务水平有所提高，是京津冀协同发展的最大难题。从表 9–5 不难看出，河北在工业垃圾处理的总量方面与北京、天津差距巨大，面临污染防治层面的大量投入。

表9-5　2012～2016年京津冀一般工业固体废物处置量　单位：万吨

	2016年	2015年	2014年	2013年	2012年
北京	86.99	118.00	126.00	140.00	219.00
天津	15.04	22.00	11.00	10.00	7.00
河北	14729.00	14729.00	22927.00	23429.00	7439.00

四、京津冀生态一体化发展指数

经测算，2012～2016年，京津冀地区生态一体化综合指数从0.576增长到0.765，2014年因受特殊因素影响达到了最低值0.558。从单个指数对生态一体化综合指数的贡献度来看，自然资源保护指数对生态一体化综合指数的贡献最小，主要是因为自然资源协同机制相对完善成熟，自然生态保护付出的机会成本较小且容易形成一致性措施。产业结构是导致资源环境利用指数增大的重要因素，由于历史原因、能源资源禀赋形成的不同的经济增长动力，京津冀地区的环境指数不断扩大，消除此项指数差异还需区域共同协调推进。污染防治是产业结构差异的附属品之一，且污染防治指数与生态一体化指数变动趋同，从0.725增长至1.009，2014年经历最低点0.515，这表明京津冀生态一体化的关键因素仍是产业结构的转型升级。因此，如何权衡区域环境治理带来的成本收益，逐步形成区域生态防治的利益补偿机制将成为政策的核心落脚点之一（见表 9–6、图 9–4）。

表9-6 2012～2016年京津冀生态一体化发展指数

年份	自然资源保护指数	资源环境利用指数	污染防治指数	生态一体化发展指数
2012	0.513	0.489	0.725	0.576
2013	0.587	0.532	0.724	0.614
2014	0.636	0.524	0.515	0.558
2015	0.593	0.573	0.916	0.694
2016	0.636	0.652	1.009	0.765

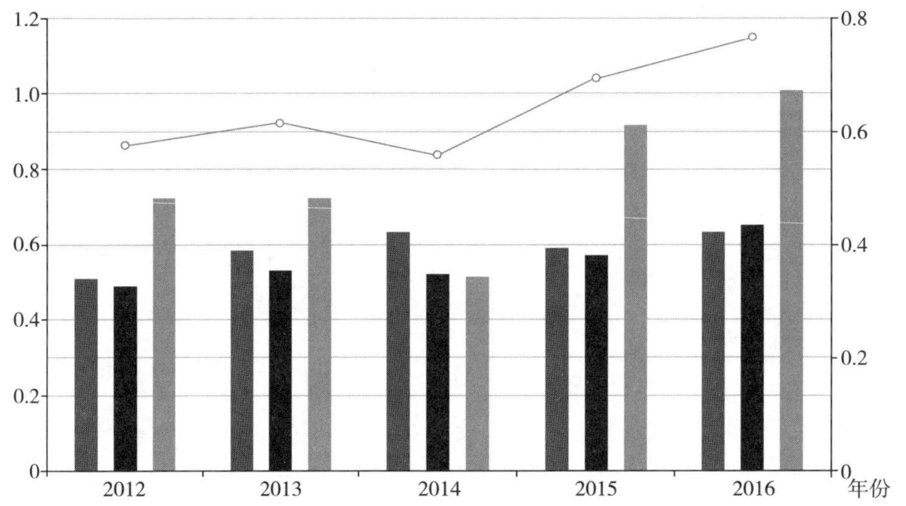

图9-4 2012～2016年京津冀生态一体化发展指数

第三节 京津冀生态一体化发展政策建议

随着京津冀地区人口急剧增长、城市规模迅速扩张，有限的资源和环境承载力的矛盾日益凸显，城市和区域内资源环境面临越来越大的承载压力和严峻挑战，已成为关系未来发展的重大问题。面对资源约束趋紧、环境污染严重、生态系统退化的挑战形势，必须把推进区域生态一体化建设作为核心，积极推进生态环境管理模式的转变。"十四五"时期是京津冀地区加快经济转型、产业升级、生态共建的关键时期，需要进一步完善利益协调、共建共享的长效协同保护机制，保障京津冀区域的生态环境保护与建设。

一、加快形成以提升区域生态环境承载力为目标的统一行动方案及保障措施

应当以区域生态环境的"整体性"为基础，完善协同保护层面的制度供给，最终形成"自上而下"的可实施方案，以保障规划和方案落地。同时，以生态补偿长效机制和生态资源市场化机制调节区域利益冲突，使不同地区参与实施生态环境保护的经济损失得到长效补偿。例如，通过合理的补偿机制，保障河北生态功能支撑区的定位。

二、完善京津冀生态环境协同保护的长效机制框架

基于目标协同和利益协调两个着力点，从合作意识与价值取向协同以及各行政主体制度设计与政策导向协同、产业布局协同和利益补偿机制协同等层面，构建和完善协同保护的长效机制框架。

三、积极创新生态模式，形成资源节约和环境友好的空间格局

建立生态城市是实现绿色发展、循环发展、低碳发展的必由之路，是解决资源型城市资源浪费、环境污染、生态脆弱问题的重要途径，

有利于实现资源型城市可持续发展的战略目标。同时要优化经济空间分布，京津冀三地的产业发展应实施差别化、错位化战略，在首都经济圈范围内进行结构调整、产业重组和空间优化，推进引导人口、产业、设施、功能向周边扩散，形成各空间单元主体功能明确、互补发展的良性空间格局。

参考文献

[1] Bowen H. P.，et al. "The extent of economic integration：a comparison of E. U. countries and U. S." states.Discussion Paper，2008.

[2] Cao Xiaoshu，Chen Hemei，Li Lingna et al. "rivate Car Travel Characteristics and Influencing Factors in Chinese Cities：A Case Study of Guangzhou in Guangdong." Chinese Geographical Science，2009(19)：325–332.

[3] David Bailey Lisa Depropris. "EU Structural Funds Regional Capabilities and Enlargement：Towards Multi–level Governance]." European Integration，2002，24(4)：28–29.

[4] Feng X. "Optimization of Target Speeds of High–speed Railway Trains for Traction Energy Saving and Transport Efficiency Improvement. Energy Policy. 2011，39：7658–7665.

[5] Holz C.A . "No Razors Edge：Reexaming Alwyn Young' s Evidence forIncreasing Inter–Provincial Trade Barriers in China. " The Review of Economics and Statistics，2009，91(3)：599–616.

[6] Jungyul Sohn. "Do birds of a Feather Flock Together：Economic is Linkage and Geographic Proximity." The Annals of Regional Seienee，2004，38(3)：47–73.

[7] Karlaftis Mq Tsamboulas D. "Efficiency Measurement in Public Transport：A Findings Specification Sensitive." Transportation Research Part A：Policy and Practice，2012，46：392–402.

[8] Kmgman，P. "The Move Tow ard Free Trade Zones." Economic Review，1991，76(6)：78–99.

[9] Tang K.K. "Economic Intergration of the Chinese Provinces：a Business Cycle Approach. " Journal of Economic Integ ration，1998(13)：80–92.

[10] Venables A.J. "Equilibrium Locations of Vertically Lilted Industries." International Economic Review，1996，12(1)：341–359.

[11] Xu X.P. "Have the Chinese Provinces Become Integrated under Reform?" China Economic Review，2002(13)：16–133.

[12] Young A. "The Razor' s Edge：Distortions and Incremental Reform in the People' s Republic of China." Quarterly Journal of Economics，2000，15(4)：091–1135.

[13] Douglass M. Rural–urban Linkages and Poverty Alleviation: Toward a Policy Framework. Curitiba : International Workshop on Rural–Urban Linkages, 1998:156–159.

[14] Erll A. Regional Integration and (Trans) Cultural Memory. Asia Europe Journal, 2010 (3): 135-142.

[15] Marx E. Marx Engels Selected Works. Moscow: Foreign Luaguages, 1958: 385-392.

[16] Schuler R S, Jackson S E. Linking Competitive Strategies with Human Resource Management Practice. Academy of Management Executive, 1987, 1 (3): 207-219.

[17] Scott A J. World Development Report 2009: Reshaping Economic Geography. Journal of Economic Geography. 2008, 100(35): 583-586.

[18] 阿尔弗雷德·韦伯著.李钢剑译.工业区位论.北京：商务印书馆，2013

[19] 安虎森，彭桂娥.区域金融一体化战略研究：以京津冀为例.天津社会科学，2008（6）

[20] 白重恩，杜颖娟，陶志刚等.地方保护主义及产业地区集中度的决定因素和变动趋势.经济研究，2004（4）

[21] 彼得·罗布森.国际一体化经济学.上海：上海译文出版社，2001

[22] 蔡昉，程显煜.城乡一体化成都统筹城乡综合配套改革研究.成都：四川人民出版社，2007

[23] 曹庆林，范爱军.现阶段中国市场分割程度的测算——以全国猪肉市场为例.当代财经，2008（3）

[24] 曹小曙，许志桦.城市群综合交通运输系统研究.北京：商务印书馆，2014

[25] 陈丙欣，叶裕民.京津冀都市区空间演化轨迹及影响因素分析.城市与区域，2008（1）

[26] 陈丹璐，靳茗茗.我国森林覆盖率的时空分布规律及对空气质量的影响.河北林业科技，2016（2）

[27] 陈红霞，李国平.1985~2007 年京津冀区域市场一体化水平测度与分析过程.地理研究，2009（6）

[28] 陈红震，李国平，张丹.京津冀区域空间格局及其优化整合分析.城市发展研究，2011（11）

[29] 陈惠娟，千怀遂.中国特大城市水资源消费及其与经济和气候的关系 ——以北京、上海和广州为例.生态环境学报，2006（6）

[30] 陈明.固体废弃物利用现状及管理对策研究.农业与技术，2013，33（9）

[31] 陈先强.武汉城市圈产业一体化研究.华中农业大学学报(社会科学版)，2010（2）

[32] 陈秀山，张可云.区域经济理论.北京：商务印书馆，2007

[33] 崔晶.生态治理中的地方政府协作：自京津冀都市圈观察.公共管理，2013（9）

[34] 戴宏伟，张艳慧.京津冀金融业发展与协作路径分析.河北经贸大学学报，2013（5）

[35] 戴学珍.京津市场一体化研究.经济地理，2002（1）

[36] 董锋.中国能源效率及能耗问题研究.南京航空航天大学博士学位论文，2010

[37] 段新，岑晏青，路敖青.基于DEA模型的31省份公路运输效率分析.交通运输系统工程与信息，2012（11）

[38] 段自平，樊洪生，纪增路.建立京津冀区域银行的构想.理论与现代化，1995（2）

[39] 法里佐夫.发展中国家间的经济合作.北京：中国对外经济贸易出版社，1986

[40] 樊纲，王小鲁，朱恒鹏.中国市场化方式——各地区市场化相对进程2011年报告.北京：经济科学出版社，2011

[41] 方创琳，宋吉涛，蔺雪芹.中国城市群可持续发展理论与实践.北京：科学出版社，2010

[42] 方创琳等.特大城市群地区城镇化与生态环境交互耦合效应解析的理论框架及技术路径.地理学报，2016（4）

[43] 方创琳等.中国创新型城市建设的综合评估与空间格局分异.地理学报，2014（4）

[44] 冯玫，刘瑶.京津冀特色产业发展与区域交通一体化建设.河北师范大学学报，2011（3）

[45] 符开业，郭钮，卢毅.区域道路客运一体化物元分析评价模型研究.湖南交通科技，2010（9）

[46] 付建飞.交通运输一体化是构筑都市圈发展的命脉.铁路运输与经济，2007（5）

[47] 富永健一.日本的现代化与社会变迁.北京：商务印书馆，2004

[48] 高景楠.京津冀区域市场一体化研究.天津财经大学硕士学位论文，2009

[49] 高雪梅.中国农业节水灌溉现状、发展趋势及存在问题.天津农业科学，2012（1）

[50] 龚冰琳，徐立新，陈光炎.中国的地方保护主义：直接的微观证据.经济学报，2005（2）

[51] 关华.能源—经济—环境系统协调可持续发展研究.天津大学博士学位论文，2012

[52] 桂琦寒，陈敏，陆铭等.中国国内商品市场趋于分割还是整合基于相对价格法的分析.世界经济，2006（2）

[53] 郭忠升.最佳森林覆盖率的初步研究.西北林学院学报，1998（3）

[54] 何德旭，董捷.京津冀金融一体化的模式选择与运作机制.中国社会科学院研究生院学报，2015（3）

[55] 侯赘慧，刘志彪，岳中刚.长三角区域经济分割进程的社会网络分析.中国软科学，2009（12）

[56] 胡艺，刘璇.武汉市生态文明一体化建设的思路及对策.湖北社会科学，2013（11）

[57] 黄万林.中国特色社会主义：道路、理论体系、制度的内在逻辑.中国井冈山干部学院学报，2014（4）

[58] 黄赜琳，王敬云.地方保护与市场分割：来自中国的经验数据.中国工业经济，2006（2）

[59] 江曼琦，谢姗.京津冀地区市场分割与整合的时空演化.南开学报（哲学社会科学版），2015（1）

[60] 柯善咨，郭素梅.中国市场一体化与区域经济增长互动：1995～2007年.数量经济技术经济研究，2010（5）

[61] 蓝庆新，关小瑜.京津冀产业一体化水平测度与发展对策.经济与管理，2016（2）

[62] 李伯山.水资源开发利用对汉江流域生态环境的影响.武汉大学博士学位论文，2013

[63] 李惠茹，杨丽慧.京津冀生态环境协同保护：进展、效果与对策.资源科学，2016，41（1）

[64] 李克宽.关于建立京津冀区域银行的构想.金融教学与研究，1997（3）
[65] 李琨.自然保护区的生态环境保护与可持续发展.中国地质大学硕士学位论文，2010
[66] 李立辉，露付，冰婵.长江经济带环境保护投资现状分析.区域金融研究，2017（7）
[67] 李培林，苏国勋.和谐社会构建与西方社会学社会建设理论.社会，2005（6）
[68] 李齐.论我国环保产业现状与发展对策.环渤海经济瞭望，2009（12）
[69] 李文增.京津冀区域经济金融协同发展协调机制研究.求知，2014（6）
[70] 李文哲.京津冀区域经济一体化中的金融合作问题探讨.工业技术经济，2007，26（11）
[71] 李锡英，王秋芳.京津冀统一劳动力市场研究.经济论坛，2005（18）
[72] 李晓壮.社会建设预示社会学研究的重大转向.中国社会科学报，2011-05-17
[73] 李旭辉.京津冀区域协同发展问题研究.石家庄理工职业学院学术研究，2014（2）
[74] 李郇，徐现祥.边界效应的测定方法及其在长江三角洲的应用.地理研究，2006（5）
[75] 李震，顾朝林，姚士谋.当代中国城镇体系地域空间结构类型定量研究.地理科学，2006（5）
[76] 刘兵.加强校际合作推动京津冀教育协同发展.天津市教科院学报，2014（3）
[77] 刘东勋.中原城市群九城市的产业结构特征和比较优势分析.经济地理，2005（3）
[78] 刘芳超.基于资本流动视角的京津冀经济一体化研究.河北工业大学硕士学位论文，2013
[79] 刘国凤.中国最严格耕地保护制度研究.吉林大学博士学位论文，2011
[80] 刘加顺.武汉都市圈一体化研究.理论月刊，2005（1）
[81] 刘睿劼，张智慧.中国工业二氧化硫排放趋势及影响因素研究.环境污染与防治，2012， 34（10）
[82] 刘生龙，胡鞍钢.交通基础设施与中国区域经济一体化.经济研究，2011（3）
[83] 刘西明.京津冀市场一体化的机遇和挑战.第九届河北省社会科学学术年会论文集， 2014
[84] 刘卓超.京津冀都市圈城镇体系的结构分析及优化研究.华中师范大学硕士学位论文，2012
[85] 楼豫红.区域节水灌溉发展水平综合评价研究——以四川省为例.中国农业大学博士学位论文，2014
[86] 陆学艺.当代中国社会结构.北京：社会科学文献出版社，2010
[87] 陆学艺.社会建设就是建设社会现代化.社会学研究，2011（4）
[88] 吕典玮，张琦.京津地区区域一体化程度分析.中国人口资源环境，2010（3）
[89] 吕典玮.京津冀区域一体化中市场一体化研究.华东师范大学硕士学位论文，2011
[90] 麻泽龙，宫渊波，胡庭兴等.森林覆盖率与水土保持关系研究进展.四川农业大学学报，2003（1）
[91] 马歇尔著.朱志泰译.经济学原理.北京：商务印书馆，2005
[92] 梅凤乔.生态文明：人类文明的转折点.生态经济，2015（11）
[93] 孟庆民.区域经济一体化的概念与机制.开发研究，2001（2）

[94] 孟祥林.京津冀金融一体化：以设立京津冀银行为切入点的思路分析.青岛科技大学学报（社会科学版），2010（1）

[95] 尼古拉斯·亨利著.张昕译.公共行政与公共事务（第八版）.北京：中国人民大学出版社，2002

[96] 宁丹，李满营.京津冀市场一体化的阻碍与改善.人民论坛，2015（26）

[97] 牛晓耕，张国丰，孙丽欣.节能减排效应分析与节能减排潜力预测.统计与决策，2016（8）

[98] 彭峰，李本东.环境保护投资概念辨析区域金融研究.环境科学与技术，2005（3）

[99] 彭惜君.《纲要》实施以来珠三角产业一体化进程研究.现代商贸工业，2015（6）

[100] 齐子翔.府际关系背景的利益协调与均衡：观察京津冀.改革，2014（2）

[101] 秦德君.从社会体制上推进社会建设.探索与争鸣，2011（2）

[102] 〔法〕琼·戈特曼.全球的城市群体系.城市和区域规划学，1976（7）

[103] 全诗凡.基于区域产业链视角的区域经济一体化——以京津冀地区为例.南开大学博士学位论文，2016

[104] 全诗凡.区域产业链与京津冀区域经济一体化关系研究.中国物价，2016（4）

[105] 任志诚、张朝军.构筑京津冀劳动力市场.理论与现代化，1995（2）

[106] 塞风，朱明春.试论区域产业结构趋同问题.中国工业经济研究，1990（4）

[107] 盛斌，毛其淋.贸易开放、国内市场一体化与中国省际经济增长：1985~2008 年.世界经济，2011（11）

[108] 孙久文，邓慧慧，叶振宇.京津冀区域经济一体化及其合作途径探讨.首都经济贸易大学学报，2008（2）

[109] 孙久文，原倩.京津冀协同发展战略的比较和演进重点.经济社会体制比较，2014（5）

[110] 孙立平等.走向社会重建之路.民主与法制，2010（6）

[111] 孙平军等.熵变视角的吉林省城市化与生态环境的耦合关系判别.应用生态学报，2014（3）

[112] 孙瑞佳.边界效应视域下京津冀区域经济一体化研究.燕山大学硕士学位论文，2012

[113] 天津经济课题组.京津冀协同发展现在进行时.天津经济，2014（5）

[114] 托马斯·库恩.金吾伦，胡新和译.科学革命的结构.北京：北京大学出版社，2004

[115] 王家庭，曹清峰.京津冀区域生态协同治理：由政府行为与市场机制引申.区域经济，2014（5）

[116] 王蕾.生态效益补助方案.北京林业大学博士学位论文，2010

[117] 王少剑等.京津冀地区城市化与生态环境交互耦合关系定量测度.生态学报，2015（7）

[118] 王世斌.关于京津冀教育协同发展的思考.天津市教科院学报，2014（3）

[119] 王文录.北京劳动力市场供求变化与京津冀人口流动.人口学刊，2008（4）

[120] 王琰，张鑫.深化京津冀金融协同发展.中国金融，2014（20）

[121] 王勇.中国居民安全饮用水可及性的不平等测度及其分解——基于CHNS数据.浙江工商大学硕士学位论文，2015

[122] 魏后凯.中国城镇化进程中两极化倾向与规模格局重构.中国工业经济，2014（3）

[123] 文广明.中国化学需氧量排放强度空间计量分析.广西师范大学硕士学位论文，2017

[124] 文魁，祝尔娟等.京津冀区域一体化发展报告（2012）.北京：社会科学文献出版社，2012

[125] 文魁，祝尔娟等.京津冀蓝皮书：京津冀发展报告（2013）.北京：社会科学文献出版社，2013

[126] 文魁，祝尔娟.京津冀蓝皮书：京津冀发展报告（2014）.北京：社会科学文献出版社，2014

[127] 文魁，祝尔娟.京津冀蓝皮书：京津冀发展报告（2015）.北京：社会科学文献出版社，2015

[128] 文魁，祝尔娟.京津冀蓝皮书：京津冀发展报告（2016）.北京：社会科学文献出版社，2016

[129] 翁均飞.长三角城市群离世界级还有多远.城市观察，2009（1）

[130] 邬晓霞，贾彤，高见.京津冀区域商品市场一体化进程的测度与评价：1985～2012.兰州商学院学报，2014（5）

[131] 吴旗韬，张虹鸥，叶玉瑶等.基于交通可达性的港珠澳大桥时空压缩效应.地理学报，2012（67）

[132] 吴三忙，李善同.市场一体化、产业地理集聚与地区专业分工演变——基于中国两位码制造业数据的实证分析.数量经济与技术经济研究，2011（8）

[133] 吴威，曹有挥，曹卫东等.开放条件下长江三角洲区域的综合交通可达性空间格局地理研究，2007（26）

[134] 肖磊，黄金川，孙贵艳.京津冀都市圈城镇体系演化时空特征.地理科学进展，2011（2）

[135] 肖湘.我国国内统一市场理论研究的发展.宏观经济研究，2001（1）

[136] 谢思，谭啸.沈阳经济区产业一体化研究.经济视野，2017（1）

[137] 辛杨，赵英才.新经济增长点测度阈值模型研究.山东社会科学，2008（4）

[138] 徐春.生态文明与价值观转向.自然辩证法研究，2004（4）

[139] 徐延文，管东红，王成元.甘肃省水资源利用制约因素及优化路径环境保护.环境保护，2013（18）

[140] 许吉臣.基于成本核算的京津冀大气污染区域生态补偿研究.南开大学硕士学位论文，2016

[141] 许文建.关于“京津冀协同发展”重大国家战略的若干理论思考——京津冀协同发展上升为重大国家战略的解读.中共石家庄市委党校学报，2014（4）

[142] 亚当·斯密著.郭大力，王亚南译.国富论.北京：商务印书馆，1972

[143] 阎大颖.市场化的创新测度方法——兼对2000～2005年中国市场化区域发展特征探析.财经研究，2007（8）

[144] 杨先花，张杰.创新链视角下区域产业一体化对策研究——以京津冀地区为例.商业经济研

究，2017（15）
[145] 殷照伟.京津冀城市群发展战略研究.天津师范大学硕士学位论文，2012
[146] 银温泉，才婉茹.我国地方市场分割的成因和治理.经济研究，2001（6）
[147] 于军.英国地方政府改革研究.北京：国家行政学院出版社，1999
[148] 于涛方，邵军，周学江.多中心巨型城市区研究：京津冀地区实证.规划师，2007（12）
[149] 俞可平.治理与善治.北京：社会科学文献出版社，2000
[150] 俞可平.中国治理变迁30年.北京：社会科学文献出版社，2008
[151] 喻闻，黄季焜.从大米市场整合程度看我国粮食市场改革.经济研究，1998（3）
[152] 岳耀杰，闫维娜，王秀红，申元村，仇梦梦，周兰，栗健.区域生态退耕对生态系统服务价值的影响.干旱区资源与环境，2014，28（2）
[153] 张车伟，蔡翼飞.中国城镇化格局变动与人口合理分布.中国人口科学，2012（12）
[154] 张飞，孙爱军，孔伟.生态补偿视角下的耕地保护.绿色经济，2009（10）
[155] 张海鹏.我国生态环境城乡一体化进展与评价.生态经济，2014（12）
[156] 张雷，鲁春霞，吴映梅，李江苏，黄园淅，程晓凌.中国流域水资源综合开发.自然资源学报，2014，29（2）
[157] 张利华，徐晓新.区域经济一体化协调机制比较研究.中国软科学，2010（5）
[158] 张明龙.经济学基本理论研究.北京：中国文史出版社，2002
[159] 张强.美国联邦政府绩效评估研究.北京：人民出版社，2009
[160] 张予等.京津冀生态文化合作的现状、问题与机制建设.资源科学，2015（8）
[161] 张云，窦丽琛，高钟庭."京津冀协同发展：机遇与路径学术研讨会"综述.经济与管理，2014（2）
[162] 张占斌.关于地方政府社会建设绩效考核指标体系的初步探讨.学习论坛，2009（9）
[163] 张昭利.中国二氧化硫污染的经济分析——基于环境库兹涅茨曲线和贸易的角度.上海交通大学博士学位论文，2012
[164] 张兆安.大都市圈与区域经济一体化.上海：上海财经大学出版社，2006
[165] 张子珍.城镇化与农村经济中国城乡产业一体化发展水平测度及其影响.广东财经大学学报，2016（5）
[166] 赵蓓.中国产业的区域集中、专业分工和产业群.亚太经济，2004（6）
[167] 赵弘.北京大城市病治理与京津冀协同发展.经济与管理，2014（3）
[168] 赵弘.京津冀协同发展的顶层设计.城市管理与科技，2014（4）
[169] 赵姜，孟鹤，龚晶.京津冀地区农业全要素用水效率及影响因素分析.中国农业大学学报，2017（3）
[170] 赵黎明，张莉.京津冀产业一体化动力基础研究.天津师范大学学报（社会科学版），2011（6）

[171] 赵丽，夏永祥.长江三角洲地区工业的区域分工协作现状及产业结构趋同现象浅析.苏州大学学报：哲学社会科学版，2004（7）
[172] 赵伟，徐朝晖.测度中国省域经济“二重”开放.中国软科学，2005（8）
[173] 赵永亮，刘德学.市场歧视、区际边界效应与经济增长.中国工业经济，2008（12）
[174] 郑杭生，杨敏.关于社会建设的内涵和外延.学海，2008（4）
[175] 郑明慧.河北省能源消费与节能潜力研究.河北大学博士学位论文，2011
[176] 郑昕.自然保护区绩效研究.东北林业大学博士学位论文，2008
[177] 郑毓盛，李崇高.中国地方分割的效率损失.中国社会科学，2004（1）
[178] 周国红，楼锡锦.长三角区域经济一体化的基本态势与战略思考——基于宁波市 532家企业的问卷调查与分析.经济地理，2007（1）
[179] 周和宇，周婷婷.我国农村安全饮用水地区差异及对策研究.中国农村卫生事业管理，2009，29（7）
[180] 周立群，夏良科.区域经济一体化的测度与比较：来自京津冀、长三角和珠三角的证据.江海学刊，2010（4）
[181] 周立群.把握和落实改革的系统性、整体性和协同性.天津日报，2014-01-20
[182] 周民良.以深化改革促京津冀协同发展.中国经济报告，2014（5）
[183] 朱杰.中国城市群的阶段特征、趋势及实证研究.规划广角，2012（6）
[184] 祝尔娟，叶堂林.“十二五”时期京津冀发展研究（2009）.北京：中国经济出版社，2010
[185] 祝尔娟.北京在推进京津冀协同发展中应发挥核心引领带动作用.中国流通经济，2014（12）
[186] 祝尔娟.京津冀一体化中的产业升级与整合.经济地理，2009（6）
[187] 祝尔娟等.京津冀区域承载力与生态文明建设——2012首都圈发展高层论坛观点综述.生态经济，2014（2）
[188] 祝尔娟等.全新定位下京津合作发展研究.北京：中国经济出版社，2009
[189] 禚金吉，魏守华，刘小静.产业同构背景下长三角产业一体化发展研究.现代城市研究，2011（2）
[190] 邹晓霞.节水灌溉与保护性耕作应对气候变化效果分析.中国农业科学院博士学位论文，2013
[191] 陈雯，孙伟，刘崇刚，刘伟．长三角区域一体化与高质量发展．经济地理，2021，41（10）
[192] 陈学云，史贤华．我国城镇化进程中的城乡一体化路径研究——基于新农村建设平台．经济学家，2011（3）
[193] 迟福林．我国统筹城乡发展的基本公共服务均等化因素．东南学术，2009（6）
[194] 邓婕．基于城乡经济社会一体化的农村金融发展模式探讨．现代经济信息，2018（18）
[195] 冯凌，杨玉英．宁夏特色旅游目的地建设战略研究——基于经济社会一体化的融合发展视角．干旱区资源与环境，2012，26（6）

[196] 唐亚林. 产业升级、城市群发展与区域经济社会一体化——区域治理新图景建构. 同济大学学报（社会科学版），2015，26（6）

[197] 吴根平. 我国城乡一体化发展中基本公共服务均等化的困境与出路. 农业现代化研究，2014，35（1）

[198] 袁富华. 经济社会一体化：多目标平衡与治理机制. 中国特色社会主义研究，2020（1）

[199] 周加来. 城市化·城镇化·农村城市化·城乡一体化——城市化概念辨析. 中国农村经济，2001（2）

附　录

附录1：产业一体化指标原始数据及源代码（见附表1～附表9）

附表1　　2007～2016年京津冀地区及全国GDP　　单位：亿元

年份	北京	天津	河北	全国
2007	9846.81	5252.76	13607.32	270232.3
2008	11115	6719.01	16011.97	319515.5
2009	12153.03	7521.85	17235.48	349081.4
2010	14113.58	9224.46	20394.26	413030.3
2011	16251.93	11307.28	24515.76	489300.6
2012	17879.4	12893.88	26575.01	540367.4
2013	19800.81	14442.01	28442.95	595244.4
2014	21330.83	15726.93	29421.15	643974
2015	23014.59	16538.19	29806.11	689052.1
2016	25669.13	17885.39	32070.45	744127.2

数据来源：《北京统计年鉴》（2008～2017年）、《天津统计年鉴》（2008～2017年）、《河北经济年鉴》（2008～2017年）、《中国统计年鉴》（2008～2017年）。

附表2　　2007～2016年京津冀地区及全国人均GDP　　单位：元

年份	北京	天津	河北	全国
2007	60096	47970	19662	20505
2008	64491	58656	22986	24121
2009	66940	62574	24581	26222
2010	73856	72994	28668	30876
2011	81658	85213	33969	36403
2012	87475	93173	36584	40007
2013	94648	100105	38909	43852
2014	99995	105231	39984	47203
2015	106497	107960	40255	50521
2016	118198	115053	43062	53980

数据来源：《北京统计年鉴》（2008～2017年）、《天津统计年鉴》（2008～2017年）、《河北经济年鉴》（2008～2017年）、《中国统计年鉴》（2008～2017年）。

附表3 2007～2016年京津冀地区及全国GDP增长速度 单位：%

年份	北京	天津	河北	全国
2007	14.5	15.5	12.8	14.2
2008	9.1	16.5	10.1	9.7
2009	10.2	16.5	10	9.4
2010	10.3	17.4	12.2	10.6
2011	8.1	16.4	11.3	9.5
2012	7.7	13.8	9.6	7.9
2013	7.7	12.5	8.2	7.8
2014	7.3	10	6.5	7.3
2015	6.9	9.3	6.8	6.9
2016	6.8	9.1	6.8	6.7
平均增速	8.9	13.7	9.4	9

数据来源：《北京统计年鉴》（2008～2017年）、《天津统计年鉴》（2008～2017年）、《河北经济年鉴》（2008～2017年）、《中国统计年鉴》（2008～2017年）。

附表4 2007～2016年京津冀地区生产总值产业构成 单位：%

年份	北京			天津			河北		
	一产	二产	三产	一产	二产	三产	一产	二产	三产
2007	1	25.2	73.9	2.1	55.1	42.8	13.2	53.0	33.8
2008	1	23.2	75.8	1.8	55.2	43.0	12.7	54.5	32.9
2009	0.9	23	76.1	1.7	53.0	45.3	12.7	52.1	35.1
2010	0.9	23.5	75.7	1.6	52.4	46.0	12.5	52.6	34.9
2011	0.8	22.6	76.6	1.4	52.4	46.2	11.8	53.7	34.5
2012	0.8	22.1	77.1	1.3	51.7	47.0	11.9	52.9	35.2
2013	0.8	21.6	77.6	1.3	50.6	48.1	11.8	52.2	36.0
2014	0.7	21.3	78	1.3	49.1	49.6	11.6	51.3	37.1
2015	0.6	19.7	79.7	1.3	46.5	52.2	11.5	48.5	40.0
2016	0.5	19.3	80.2	1.2	44.8	54.0	10.9	47.6	41.5

数据来源：《北京统计年鉴》（2008～2017年）、《天津统计年鉴》（2008～2017年）、《河北经济年鉴》（2008～2017年）、《中国统计年鉴》（2008～2017年）。

附表5 **2012年京津冀地区工业总产值**

序号	行业分类	北京（万元）	天津（亿元）	河北（亿元）
1	煤炭开采和洗选业	8114922	1187.33	1490.2
2	石油和天然气开采业	—	1391.46	300.3
3	黑色金属矿采选业	1725739	91.96	2522.8
4	有色金属矿采选业	无值	无值	55.5
5	非金属矿采选业	—	12.82	95.6
6	开采辅助活动	2422379	92.84	无值
7	其他采矿业	无值	无值	—
8	农副食品加工业	3496368	820.43	1904.4
9	食品制造业	2450772	954.37	697
10	酒、饮料和精制茶制造业	2128080	140.83	386.1
11	烟草制品业	—	45.32	165.4
12	纺织业	373862	83.73	1439.3
13	纺织服装、服饰业	1545488	281.9	373.3
14	皮革、毛皮、羽毛及其制品业和制鞋业	118160	48.57	966.3
15	木材加工和木、竹、藤、棕、草制品业	116970	17.87	184.4
16	家具制造业	692334	76.56	188.4
17	造纸及纸制品业	628095	189.59	522.5
18	印刷和记录媒介复制业	1203673	42.17	204.3
19	文教、工美、体育和娱乐用品制造业	802247	192.63	185.5
20	石油加工、炼焦及核燃料加工业	8863394	1181.6	2320
21	化学原料及化学制品制造业	3458832	1204.39	2065.4
22	医药制造业	5433353	408.43	629.6
23	化学纤维制造业	—	14.28	80.1
24	橡胶和塑料制品业	1100145	414.83	1006.6
25	非金属矿物制品业	4611240	314	1791.2
26	黑色金属冶炼和压延加工业	1621909	3757.32	11811.3
27	有色金属冶炼和压延加工业	866905	687.96	549.5
28	金属制品业	2991437	1032.24	2059.9
29	通用设备制造业	5247449	829.12	1087.6
30	专用设备制造业	5103239	1009.61	1181.4

续表

序号	行业分类	北京（万元）	天津（亿元）	河北（亿元）
31	汽车制造业	25214885	1728.84	1463.1
32	铁路、船舶、航空航天和其他运输设备制造业	2001808	597.4	404.8
33	电气机械和器材制造业	6696846	849.27	1508.7
34	计算机、通信和其他电子设备制造业	20548734	2558.62	356.3
35	仪器仪表制造业	2243373	67.48	71.4
36	其他制造业	562451	55.22	33.1
37	废弃资源综合利用业	78631	196.7	76
38	金属制品、机械和设备修理业	360351	12.62	30.4
39	电力、热力生产和供应业	30180551	716.45	2732.5
40	燃气生产和供应业	2014071	83.21	78.2
41	水的生产和供应业	412161	37.53	30.2

注：“无值”表示本年份本地区的统计年鉴中无此行业；“—”表示本年份本地区的统计年鉴中有此行业但无统计数据。

数据来源：《北京统计年鉴》（2013年）、《天津统计年鉴》（2013年）、《河北经济年鉴》（2013年）、《中国统计年鉴》（2013年）。

附表6　　2013年京津冀地区工业总产值

序号	行业分类	北京（万元）	天津（亿元）	河北（亿元）
1	煤炭开采和洗选业	7131795	1488.16	1344.84
2	石油和天然气开采业	—	1299.08	292.02
3	黑色金属矿采选业	1655920	112.03	2704.51
4	有色金属矿采选业	无值	无值	62.21
5	非金属矿采选业	23224	12.29	114.74
6	开采辅助活动	2086699	100.18	无值
7	其他采矿业	无值	无值	—
8	农副食品加工业	3788262	827.64	2088.36
9	食品制造业	2601593	1128.39	824.84
10	酒、饮料和精制茶制造业	2103232	185.15	465.61
11	烟草制品业	—	50.16	175.41
12	纺织业	336654	91.26	1610.64
13	纺织服装、服饰业	1503202	317.89	409.63
14	皮革、毛皮、羽毛及其制品业和制鞋业	120947	53.58	1166.16

续表

序号	行业分类	北京（万元）	天津（亿元）	河北（亿元）
15	木材加工和木、竹、藤、棕、草制品业	133253	14.85	234.09
16	家具制造业	763431	86.81	201.56
17	造纸及纸制品业	639170	208.05	516.94
18	印刷和记录媒介复制业	1224709	80.21	290.69
19	文教、工美、体育和娱乐用品制造业	895197	349.35	274.65
20	石油加工、炼焦及核燃料加工业	7671873	1378.92	2126.5
21	化学原料及化学制品制造业	3495538	1293.48	2377.01
22	医药制造业	5991489	475.8	707.04
23	化学纤维制造业	—	17.45	78.57
24	橡胶和塑料制品业	1095806	459.83	1129.44
25	非金属矿物制品业	4910553	320.44	1936.79
26	黑色金属冶炼和压延加工业	1527066	4085.76	11974.36
27	有色金属冶炼和压延加工业	683433	862.83	580.33
28	金属制品业	3003411	1156.41	2439.38
29	通用设备制造业	5169300	969.71	1257.23
30	专用设备制造业	6146718	1181.77	1293.64
31	汽车制造业	32692487	1843.15	1796.93
32	铁路、船舶、航空航天和其他运输设备制造业	2619740	781.13	442.35
33	电气机械和器材制造业	7140550	997.75	1760.14
34	计算机、通信和其他电子设备制造业	22170113	3040.47	400.79
35	仪器仪表制造业	2457819	62.13	83.72
36	其他制造业	780769	73.58	32.99
37	废弃资源综合利用业	75972	201.32	71.92
38	金属制品、机械和设备修理业	359861	13.27	29.76
39	电力、热力生产和供应业	37391250	758.6	2869.04
40	燃气生产和供应业	2323289	93.99	115.26
41	水的生产和供应业	434069	41.6	36.56

注：“无值”表示本年份本地区的统计年鉴中无此行业；“—”表示本年份本地区的统计年鉴中有此行业但无统计数据。

数据来源：《北京统计年鉴》（2014年）、《天津统计年鉴》（2014年）、《河北经济年鉴》（2014年）、《中国统计年鉴》（2014年）。

附表7 **2014年京津冀地区工业总产值**

序号	行业分类	北京（万元）	天津（亿元）	河北（亿元）
1	煤炭开采和洗选业	5491992	1651.98	1137.9
2	石油和天然气开采业	—	1216.22	283.6
3	黑色金属矿采选业	1316681	120.51	2463.8
4	有色金属矿采选业	无值	无值	55.7
5	非金属矿采选业	23348	13.27	135.2
6	开采辅助活动	2029296	97.39	无值
7	其他采矿业	无值	无值	—
8	农副食品加工业	3825018	843.05	2228.9
9	食品制造业	2789079	1305.96	936.7
10	酒、饮料和精制茶制造业	1919525	178.72	488
11	烟草制品业	—	50.63	182.3
12	纺织业	206051	101.38	1716.5
13	纺织服装、服饰业	1379236	327.46	423.8
14	皮革、毛皮、羽毛及其制品业和制鞋业	111189	55.42	1290.9
15	木材加工和木、竹、藤、棕、草制品业	135018	17.06	260.5
16	家具制造业	798476	88.73	234.9
17	造纸及纸制品业	644423	233.88	520.5
18	印刷和记录媒介复制业	1230727	93.31	327.3
19	文教、工美、体育和娱乐用品制造业	830143	425.02	323.8
20	石油加工、炼焦及核燃料加工业	8453806	1154.01	1961.3
21	化学原料及化学制品制造业	3520728	1452.69	2550.8
22	医药制造业	6690347	492.52	765.6
23	化学纤维制造业	—	16.34	81.7
24	橡胶和塑料制品业	1128322	540.54	1263.2
25	非金属矿物制品业	4880385	369.22	2007
26	黑色金属冶炼和压延加工业	1338253	4400.06	11570.9
27	有色金属冶炼和压延加工业	686892	865.32	554.3
28	金属制品业	3062268	1251.52	2752.2
29	通用设备制造业	5505967	1089.82	1396.5
30	专用设备制造业	5903160	1135.13	1426.5

续表

序号	行业分类	北京（万元）	天津（亿元）	河北（亿元）
31	汽车制造业	36476369	1991.73	1970.1
32	铁路、船舶、航空航天和其他运输设备制造业	3815408	983.07	524.3
33	电气机械和器材制造业	7375878	1133.37	1980.8
34	计算机、通信和其他电子设备制造业	24244643	2963.41	464.8
35	仪器仪表制造业	2573411	59.78	86.1
36	其他制造业	523436	99.27	48.2
37	废弃资源综合利用业	76471	243.36	85.9
38	金属制品、机械和设备修理业	382012	20.23	23
39	电力、热力生产和供应业	40869661	801.49	2943.1
40	燃气生产和供应业	2988642	110.43	168.3
41	水的生产和供应业	613411	41.73	40.8

注：“无值”表示本年份本地区的统计年鉴中无此行业；“—”表示本年份本地区的统计年鉴中有此行业但无统计数据。

数据来源：《北京统计年鉴》（2015年）、《天津统计年鉴》（2015年）、《河北经济年鉴》（2015年）、《中国统计年鉴》（2015年）。

附表8　　2015年京津冀地区工业总产值

序号	行业分类	北京（万元）	天津（亿元）	河北（亿元）
1	煤炭开采和洗选业	—	718.33	944.71
2	石油和天然气开采业	—	740.77	165.37
3	黑色金属矿采选业	809254	486.31	1753.43
4	有色金属矿采选业	无值	无值	42.73
5	非金属矿采选业	—	13.71	115.36
6	开采辅助活动	1708288	75.73	无值
7	其他采矿业	无值	无值	—
8	农副食品加工业	3569659	989.73	2179.64
9	食品制造业	2832664	1391.44	1022.72
10	酒、饮料和精制茶制造业	1746545	167.35	492.55
11	烟草制品业	—	52.13	176.17
12	纺织业	122962	122.14	1652.26
13	纺织服装、服饰业	1198539	366.99	417.4
14	皮革、毛皮、羽毛及其制品业和制鞋业	101321	79.92	1339.41

续表

序号	行业分类	北京（万元）	天津（亿元）	河北（亿元）
15	木材加工和木、竹、藤、棕、草制品业	161671	17.95	274.27
16	家具制造业	850216	111.35	287.56
17	造纸及纸制品业	614707	228.31	501.68
18	印刷和记录媒介复制业	1118314	104.46	325.24
19	文教、工美、体育和娱乐用品制造业	1194121	532.47	355.37
20	石油加工、炼焦及核燃料加工业	5911246	1322.83	1738.95
21	化学原料及化学制品制造业	3192888	1360.12	2685.58
22	医药制造业	7330183	541.27	773.68
23	化学纤维制造业	—	19.14	91.47
24	橡胶和塑料制品业	920551	595.69	1357.31
25	非金属矿物制品业	3921585	400.31	1969.25
26	黑色金属冶炼和压延加工业	1022759	4334.27	10131.21
27	有色金属冶炼和压延加工业	637682	903.13	502.73
28	金属制品业	2934154	1330.83	2742.49
29	通用设备制造业	4879508	1199.93	1362.47
30	专用设备制造业	5437411	1223.09	1482.14
31	汽车制造业	38828644	2383.58	2164.22
32	铁路、船舶、航空航天和其他运输设备制造业	3844651	1203.86	535.06
33	电气机械和器材制造业	7861668	1146.56	2032.97
34	计算机、通信和其他电子设备制造业	21102026	2606.85	514.1
35	仪器仪表制造业	2576995	78.27	104.51
36	其他制造业	786317	115.85	62.5
37	废弃资源综合利用业	57638	266.87	86.48
38	金属制品、机械和设备修理业	662359	24.36	23.48
39	电力、热力生产和供应业	40855582	827.55	2771.3
40	燃气生产和供应业	4077637	116.33	183.93
41	水的生产和供应业	654867	42.36	45.67

注：“无值”表示本年份本地区的统计年鉴中无此行业；“—”表示本年份本地区的统计年鉴中有此行业但无统计数据。

数据来源：《北京统计年鉴》（2016年）、《天津统计年鉴》（2016年）、《河北经济年鉴》（2016年）、《中国统计年鉴》（2016年）。

附表9 2016年京津冀地区工业总产值

序号	行业分类	北京（万元）	天津（亿元）	河北（亿元）
1	煤炭开采和洗选业	—	9.63	882.05
2	石油和天然气开采业	—	616.16	119.63
3	黑色金属矿采选业	726227	127.74	1678.15
4	有色金属矿采选业	无值	无值	48.43
5	非金属矿采选业	—	14.12	115.97
6	开采辅助活动	1186103	252.09	无值
7	其他采矿业	无值	无值	—
8	农副食品加工业	3914735	978.45	2279.77
9	食品制造业	2935615	1584.94	1108.83
10	酒、饮料和精制茶制造业	1656865	223.26	510.07
11	烟草制品业	—	53.27	149.46
12	纺织业	116381	89.88	1729.16
13	纺织服装、服饰业	1125851	421.97	437.44
14	皮革、毛皮、羽毛及其制品业和制鞋业	87532	111.9	1375.28
15	木材加工和木、竹、藤、棕、草制品业	143469	21.28	279.1
16	家具制造业	786420	130.88	305.43
17	造纸及纸制品业	580145	235.77	472.03
18	印刷和记录媒介复制业	1115474	113.1	373.52
19	文教、工美、体育和娱乐用品制造业	1378445	513.22	417.42
20	石油加工、炼焦及核燃料加工业	4943850	1256.77	1741.81
21	化学原料及化学制品制造业	3022624	1428.47	2619.73
22	医药制造业	8143946	551.69	815.43
23	化学纤维制造业	—	4.29	265.83
24	橡胶和塑料制品业	828985	640.83	1331.18
25	非金属矿物制品业	4320951	437.58	2026.24
26	黑色金属冶炼和压延加工业	1035339	4291.26	10370.26
27	有色金属冶炼和压延加工业	723528	920.16	538.57
28	金属制品业	2801816	1417.68	3200.76

续表

序号	行业分类	北京（万元）	天津（亿元）	河北（亿元）
29	通用设备制造业	4900143	1280.24	1529.95
30	专用设备制造业	5121326	998.02	1503.13
31	汽车制造业	47715999	2512.59	2570.63
32	铁路、船舶、航空航天和其他运输设备制造业	3915137	1348.21	531.01
33	电气机械和器材制造业	6786451	1311.24	2252.86
34	计算机、通信和其他电子设备制造业	20198717	2025.05	521.86
35	仪器仪表制造业	2549480	66.6	108.53
36	其他制造业	672646	126.28	74.98
37	废弃资源综合利用业	60344	237.05	89.21
38	金属制品、机械和设备修理业	821637	31.32	16.77
39	电力、热力生产和供应业	41055448	843.81	2289.26
40	燃气生产和供应业	3823347	125.78	178.57
41	水的生产和供应业	752533	49.13	48.47

注："无值"表示本年份本地区的统计年鉴中无此行业；"—"表示本年份本地区的统计年鉴中有此行业但无统计数据。

数据来源：《北京统计年鉴》（2017年）、《天津统计年鉴》（2017年）、《河北经济年鉴》（2017年）、《中国统计年鉴》（2017年）。

源代码

产业结构相似系数源代码

```
%======= 原始数据 =======
%======== 请输入 =======
A = [];
%======== 产业数 =======
%======== 请输入 =======
cycount = 3;
%====================
```

```
%======= 程序部分 =======
%======== 勿修改 =======
sizeOfA=size(A); % 原始矩阵尺寸
A2=A.^2;  % 原始矩阵元素平方

hsize = sizeOfA(1); % 原始矩阵行数
lsize = sizeOfA(2); % 原始矩阵列数
asize = lsize/cycount; % 地区数
a =cell(1,asize); % 按地区分解原始矩阵
a2 =cell(1,asize); % 按地区分解原始平方矩阵
count = 1; % 分解矩阵
for i=1:asize
    a{1,i} = A(:,count:count+cycount-1);
    a2{1,i} = A2(:,count:count+cycount-1);
    count= count+cycount;
end
% 记录地区间的相关系数
S=cell(asize,asize);

for i=1:asize
   for j=1:asize
      cella=a{1,i};
      cellb=a{1,j};
      cella2=a2{1,i};
      cellb2=a2{1,j};
```

```
            % 计算相关系数，每个 cell 包含所有的年份
            S{i,j}=sum(cella.*cellb,2)./sqrt((sum(cella2,2).*sum(cellb2,2)));
        end
end
% 按年份记录各地区的相关系数
s=cell(1,asize);
for k=1:hsize
     cells=[];
     for i=1:asize
          for j=1:asize
             cellS=S{i,j};
             % 提取
            cells(i,j)=cellS(k);
        end
    end
    s{1,k}=cells;
end
%======== 勿修改 =======
%======= 程序部分 =======
%====================================
```

行业分工指数源代码

```
A=[];
sizeOfA=size(A); %Ô-Ê¼¾ØÕó³ß´ç
hsize = sizeOfA(1); %Ô-Ê¼¾ØÕóÐÐÊý
lsize = sizeOfA(2); %Ô-Ê¼¾ØÕóÁÐÊý
```

```
out =[];
for i=1:lsize
    for j=1:lsize
        out(i,j)=-1;
    end
end
for i=1:lsize
    for j=(i+1):lsize
        tempA=A(:,i);
        tempB=A(:,j);
        tempcount=0;
        tempAB = [];
        for k=1:hsize
            if tempA(k) > 0 & tempB(k) > 0
                tempcount = tempcount+1;
                tempAB(tempcount,1)=tempA(k);
                tempAB(tempcount,2)=tempB(k);
            end
        end
        if tempcount>0
            out(i,j)= sum(abs(tempAB(:,1)./sum(tempAB(:,1)) - tempAB(:,2)./
sum(tempAB(:,2))));
        end
    end
end
```

```
aa=out'
```

产业集聚指数源代码

```
out=[];
A = out;
sizeOfA=size(A); %Ô-Ê¼¾ØÕó³ß´ç
hsize = sizeOfA(1); %Ô-Ê¼¾ØÕóÐÐÊý
lsize = sizeOfA(2); %Ô-Ê¼¾ØÕóÁÐÊý

A(:,1) =A(:,1)/10000;
A(:,11) =A(:,11)/10000;
A(:,8) =A(:,8)/10000;
for i=1:hsize
   for j=1:lsize
      if A(i,j)<1
        if j<4
           A(i,1)=0; A(i,2)=0; A(i,3)=0;
        %elseif j==8|j==10|j==12
        %     A(i,j)=0;
        else
              A(i,4)=0; A(i,5)=0; A(i,6)=0; A(i,7)=0; A(i,8)=0; A(i,9)=0; A(i,10)=0; A(i,11)=0; A(i,12)=0; A(i,13)=0; A(i,14)=0;
        end
      end
   end
end
```

```
B=[];
for i=1:hsize
   for j=1:lsize
      if A(i,j)>0
        if  j<4
           B(i,j)=(A(i,j)/sum(A(:,j)))/(sum(A(i,1:3))/sum(sum(A(:,1:3))));
        else
           B(i,j)=(A(i,j)/sum(A(:,j)))/(sum(A(i,4:14))/sum(sum(A(:,4:14))));
        end
      else
         B(i,j)=-1;
      end
   end
end
```

附录2：市场一体化指标原始数据（见附表1～附表3）

附表1　　北京市2012～2016年有关价格指数、价格

项目	2012年	2013年	2014年	2015年	2016年
粮油价格指数	103.6	102.1	99.6	99.2	99.3
肉禽蛋奶及水产品价格指数	102	106.2	106.5	97.2	100.6
蔬菜价格指数	108	107	97.1	101.9	109.9
干鲜瓜果价格指数	102.1	105.7	111.7	92.1	98.2
烟酒价格指数	103.4	100.6	100.3	102.2	101
服装鞋帽价格指数	100.8	101.5	100.3	103.6	100.2
家庭设备及日用品价格指数	102.8	101.7	100.3	99.9	99.2
医疗保健和个人用品价格指数	101.5	100.2	99.9	100.2	102.6
交通和通信价格指数	99.1	99	99.2	102.8	96.6
文娱及教育价格指数	102.3	103.9	103.2	100.8	98.3
居住价格指数	103.9	105.6	101.4	102.6	103.7
城镇单位在岗人员平均工资（元）	85307	93997	103400	113073	122749
固定资产投资价格指数	101.3	99.9	100	97.6	99.7
住宅平均售价（元）	16553	17854	18449	22300	28489
办公楼平均售价（元）	22114	23426	26266	38817	30491
商业营业用房平均售价（元）	20476	26405	25414	28917	29929

附表2　　天津市2012～2016年有关价格指数、价格

项目	2012年	2013年	2014年	2015年	2016年
粮油价格指数	103.1	103.7	101.6	99.9	100.2
肉禽蛋奶及水产品价格指数	104	103.7	106.5	98.2	100.5
蔬菜价格指数	119.6	110	95.4	106.8	107
干鲜瓜果价格指数	91.3	112.6	117.3	100.2	97.6
烟酒价格指数	104.9	100.9	98.7	101.9	101.3
服装鞋帽价格指数	106.9	101	101.9	103	106.9
家庭设备及日用品价格指数	101.6	102	103.3	101	99.4
医疗保健和个人用品价格指数	102.2	100.6	100.4	99.8	108.8

续表

项目	2012年	2013年	2014年	2015年	2016年
交通和通信价格指数	97.6	98.6	99.7	97.4	98.3
文娱及教育价格指数	99.3	102.5	101.7	104.2	100.6
居住价格指数	100.9	104.4	102	102.6	103.6
城镇单位在岗人员平均工资（元）	61514	67773	73839	81486	87806
固定资产投资价格指数	100	99.5	100.5	99.9	99.4
住宅平均售价（元）	8010	8390	8828	9931	12870
办公楼平均售价（元）	13349	11441	16972	15505	14396
商业营业用房平均售价（元）	13008	16550	15671	13705	14434

附表3　　河北省2012～2016年有关价格指数、价格

项目	2012年	2013年	2014年	2015年	2016年
粮油价格指数	104.6	104.6	99.1	99.6	99.7
肉禽蛋奶及水产品价格指数	101.2	105.1	107.2	97.2	396.3
蔬菜价格指数	106.55	108.26	106.03	106.03	109.6
干鲜瓜果价格指数	97.1	106.3	116.5	93.3	97.3
烟酒价格指数	104.7	100.6	98.8	101.7	101.9
服装鞋帽价格指数	104	102.7	108	103.1	101.6
家庭设备及日用品价格指数	102.8	101.4	101.2	101	100.4
医疗保健和个人用品价格指数	102.4	101.9	101.5	102.7	107.2
交通和通信价格指数	100.3	99.7	100	98.3	97.2
文娱及教育价格指数	100.6	101.7	101.9	101.1	101.3
居住价格指数	101.7	102	101.1	99.9	100.7
城镇单位在岗人员平均工资（元）	38658	41501	45114	50921	56987
固定资产投资价格指数	100.3	99.9	100.2	98	99.4
住宅平均售价（元）	4142	4640	4988	5530	6290
办公楼平均售价（元）	6732	7785	6457	9360	9622
商业营业用房平均售价（元）	9393	7690	7182	8409	8789

附录3：交通一体化指标原始数据（见附表1～附表6）

附表1　京津石家庄基本情况　单位：万平方千米

京津石家庄地区面积	河北省面积	北京市面积	天津市面积
21.63	18.8	1.64	1.19

附表2　京津石家庄公路与铁路里程　单位：万千米

年份	河北		年份	北京		年份	天津	
	公路里程	铁路里程		公路里程	铁路里程		公路里程	铁路里程
2012	16.3	0.56	2012	2.15	0.13	2012	1.54	0.09
2013	17.45	0.63	2013	2.17	0.13	2013	1.57	0.1
2014	17.92	0.63	2014	2.18	0.13	2014	1.61	0.1
2015	18.46	0.7	2015	2.19	0.13	2015	1.66	0.1
2016	18.84	0.7	2016	2.2	0.13	2016	1.68	0.11

附表3　京津石家庄客货运周转量

地区	年份	客运周转量（亿人·千米）	货运周转量（亿吨·千米）
北京	2012	1800	500
	2013	1800	500
	2014	1800	500
	2015	1793.0	558.3
	2016	1888.4	671.2
天津	2012	397.9	360.9
	2013	376.8	352.3
	2014	400.5	297.9
	2015	469.7	389
	2016	481.44	372.49
石家庄	2012	65.02	71.46
	2013	72.16	82.60
	2014	57.80	96.74
	2015	37.53	102.70
	2016	30.70	114.81

附表4　**京津石家庄铁路、公路与民航客运量**　单位：万人

地区	年份	铁路旅客运量	公路客运量	民用航空客运量
北京	2012	9755	129918	6100
	2013	10315	132333	6389
	2014	11588	52481	6752
	2015	12609	52354	6752
	2016	14589	49931	7172
天津	2012	9755	129918	6100
	2013	3352	24980	1186
	2014	3686	14530	1382
	2015	4054	14218	1503
	2016	4000	14528	1503
石家庄	2012	1100	12436	402
	2013	1100	13793	485.2
	2014	1100	12205.6	511.1
	2015	1100	6641.2	560.1
	2016	1100	5811.5	308

附表5　**京津石家庄铁路、公路与民航货运量**　单位：万吨

地区	年份	铁路货物运量	公路货运量	民用航空货邮运量
北京	2012	1380	23276	131
	2013	1232	24925	134
	2014	1078	24651	136
	2015	1132	25416	149
	2016	1287	19044	158
天津	2012	1380	23276	131
	2013	8446	31985	31985
	2014	8872	31130	31130
	2015	8377	33724	33724
	2016	8500	33724	33724
石家庄	2012	1400	22870	2.1
	2013	1400	27351	3.97
	2014	1400	34489.8	4.3
	2015	1400	24141.6	4.6
	2016	1400	27980.7	2.5341

附表6 京津石家庄平均最短通行时间

始终点	平均最短通行时间	
	火车高铁（小时）	公路（小时）
唐山—石家庄	2.45	4.9
秦皇岛—石家庄	3.08	6.03
邯郸—石家庄	0.47	2.25
邢台—石家庄	0.45	1.88
保定—石家庄	0.58	1.98
张家口—石家庄	9.55	4.82
承德—石家庄	8.88	5.73
沧州—石家庄	2.62	2.82
廊坊—石家庄	3.95	3.43
衡水—石家庄	1.53	1.87
天津—石家庄	1.45	3.78
北京—石家庄	1.12	3.33

附录4：社会一体化指标原始数据（见附表1～附表23）

附表1 2006～2016年京津石家庄地区及全国人口 单位：万人

年份	北京	天津	河北	全国
2006	1601	1075	6898	131448
2007	1676	1115	6943	132129
2008	1771	1176	6989	132802
2009	1860	1228	7034	133450
2010	1962	1299	7194	134091
2011	2019	1355	7241	134735
2012	2069	1413	7288	135404
2013	2115	1472	7333	136072
2014	2152	1517	7384	136782
2015	2171	1547	7425	137462
2016	2173	1562	7470	138271

数据来源：《北京统计年鉴》（2007～2017年）、《天津统计年鉴》（2007～2017年）、《河北经济年鉴》（2007～2017年）、《中国统计年鉴》（2007～2017年）。

附表2　　2006～2016年京津石家庄地区及全国城镇人口　　单位：万人

年份	北京	天津	河北	全国
2006	1350	814	2674	58288
2007	1416	851	2795	60633
2008	1504	908	2928	62403
2009	1581	958	3077	64512
2010	1686	1034	3201	66978
2011	1740	1090	3302	69079
2012	1784	1152	3411	71182
2013	1825	1207	3528	73111
2014	1858	1248	3642	74916
2015	1877	1278	3811	77116
2016	1880	1295	3983	79298

数据来源：《北京统计年鉴》（2007～2017年）、《天津统计年鉴》（2007～2017年）、《河北经济年鉴》（2007～2017年）、《中国统计年鉴》（2007～2017年）。

附表3　　2006～2016年京津石家庄地区及全国城镇化率　　单位：%

年份	北京	天津	河北	全国
2006	84.3	75.7	38.8	44.3
2007	84.5	76.3	40.3	45.9
2008	84.9	77.2	41.9	47.0
2009	85.0	78.0	43.7	48.3
2010	86.0	79.6	44.5	50.0
2011	86.2	80.5	45.6	51.3
2012	86.2	81.6	46.8	52.6
2013	86.3	82.0	48.1	53.7
2014	86.3	82.3	49.3	55.5
2015	86.5	82.6	51.3	56.6
2016	86.5	82.9	53.3	57.8

数据来源：《北京统计年鉴》（2007～2017年）、《天津统计年鉴》（2007～2017年）、《河北经济年鉴》（2007～2017年）、《中国统计年鉴》（2007～2017年）。

附表4 2006～2016年京津石家庄地区及全国城镇居民人均可支配收入 单位：元

年份	北京	天津	河北	全国
2006	19978.00	14283.00	10304.56	11759.50
2007	21989.00	16357.00	11690.47	13785.80
2008	24725.00	19423.00	13441.09	15780.80
2009	26738.00	21402.00	14718.25	17174.70
2010	29073.00	24293.00	16263.43	19109.40
2011	32903.00	26921.00	18292.23	21809.80
2012	36469.00	29626.00	20543.44	24564.70
2013	40321.00	28979.82	22226.75	26955.10
2014	43910.00	31506.03	24141.34	29381.00
2015	52859.00	34101.35	26152.16	31790.30
2016	57275.00	37109.57	28249.39	33616.25

数据来源：《北京统计年鉴》（2007～2017年）、《天津统计年鉴》（2007～2017年）、《河北经济年鉴》（2007～2017年）、《中国统计年鉴》（2007～2017年）。

附表5 2006～2016年京津石家庄地区及全国农民纯收入 单位：元

年份	北京	天津	河北	全国
2006	8620.00	7942.00	3801.82	3587.00
2007	9559.00	8752.00	4293.43	4140.40
2008	10747.00	9670.00	4795.46	4760.60
2009	11986.00	10675.00	5149.67	5153.20
2010	13262.00	11801.00	5957.98	5919.00
2011	14736.00	11891.00	7119.69	6977.30
2012	16476.00	13571.00	8081.40	7916.60
2013	18337.00	15352.60	9187.71	8895.90
2014	20226.00	17014.18	10186.14	9892.00
2015	20569.00	18481.63	11050.51	10772.00
2016	22310.00	20075.64	11919.35	12363.41

数据来源：《北京统计年鉴》（2007～2017年）、《天津统计年鉴》（2007～2017年）、《河北经济年鉴》（2007～2017年）、《中国统计年鉴》（2007～2017年）。

附表6　　2006～2016年京津石家庄地区及全国城乡收入比　　单位：%

年份	北京	天津	河北	全国
2006	231.76	179.84	271.04	327.84
2007	230.03	186.89	272.29	332.96
2008	230.06	200.86	280.29	331.49
2009	223.08	200.49	285.81	333.28
2010	219.22	205.86	272.97	322.85
2011	223.28	226.40	256.92	312.58
2012	221.35	218.30	254.21	310.29
2013	219.89	188.76	241.92	303.01
2014	217.10	185.18	237.00	297.02
2015	256.98	184.51	236.66	295.12
2016	256.72	184.85	237.00	271.90

数据来源：《北京统计年鉴》（2007～2017年）、《天津统计年鉴》（2007～2017年）、《河北经济年鉴》（2007～2017年）、《中国统计年鉴》（2007～2017年）。

附表7　　2006～2016年京津石家庄地区及全国青壮年劳动人口占比　　单位：%

年份	北京	天津	河北	全国
2006	78.8	77.4	74.9	72.3
2007	80.2	77.8	74.4	72.8
2008	80.0	77.0	75.2	73.1
2009	80.0	78.9	74.6	73.4
2010	—	—	—	—
2011	82.4	79.6	74.2	74.4
2012	82.0	77.8	73.0	74.1
2013	81.5	77.4	73.0	73.9
2014	81.3	77.6	72.1	73.4
2015	79.2	79.6	71.6	73.0
2016	77.4	77.7	70.6	72.5

注：“—”表示本年份本地区的统计年鉴中有此项目但无统计数据。

数据来源：国家统计局官网，劳动适龄人口划分为15～64周岁，男女范围一致。

附表8　2006～2016年京津石家庄地区及全国城镇职工基本养老保险参保人数

单位：万人

年份	北京	天津	河北	全国
2006	603.56	328.20	747.55	18766.30
2007	671.02	344.76	795.61	20136.90
2008	757.15	376.53	862.53	21891.10
2009	826.65	401.53	919.54	23549.90
2010	981.30	431.50	988.40	25707.30
2011	1089.39	458.71	1059.81	28391.30
2012	1206.38	490.26	1125.62	30426.80
2013	1311.30	520.67	1194.67	32218.40
2014	1392.61	545.43	1261.95	34124.40
2015	1424.25	565.18	1320.48	35361.20
2016	1546.64	639.03	1403.14	37929.70

数据来源：国家统计局官网。

附表9　2006～2016年京津石家庄地区及全国城镇职工基本养老保险参保人数占比

单位：%

年份	北京	天津	河北	全国
2006	37.70	30.53	10.84	14.28
2007	40.04	30.92	11.46	15.24
2008	42.75	32.02	12.34	16.48
2009	44.44	32.70	13.07	17.65
2010	50.02	33.22	13.74	19.17
2011	53.96	33.85	14.64	21.07
2012	58.31	34.70	15.44	22.47
2013	62.00	35.37	16.29	23.68
2014	64.71	35.95	17.09	24.95
2015	65.60	36.53	17.78	25.72
2016	71.18	40.91	18.78	27.43

数据来源：《北京统计年鉴》（2007～2017年）、《天津统计年鉴》（2007～2017年）、《河北经济年鉴》（2007～2017年）、《中国统计年鉴》（2007～2017年）。

附表10 2006～2016年京津石家庄地区及全国城镇职工基本医疗保险参保人数

单位：万人

年份	北京	天津	河北	全国
2006	679.50	344.20	615.90	15731.90
2007	783.00	382.50	686.30	18020.30
2008	871.00	399.10	738.50	19995.60
2009	938.40	444.10	802.10	21937.40
2010	1063.70	470.00	848.00	23734.70
2011	1188.00	474.50	875.50	25227.10
2012	1279.70	479.10	906.80	26485.60
2013	1354.80	493.10	926.30	27443.10
2014	1431.30	509.60	944.50	28296.00
2015	1475.70	522.00	957.00	28893.10
2016	1517.60	535.70	973.70	29531.50

数据来源：《北京统计年鉴》（2007～2017年）、《天津统计年鉴》（2007～2017年）、《河北经济年鉴》（2007～2017年）、《中国统计年鉴》（2007～2017年）。

附表11 2006～2016年京津石家庄地区及全国城镇职工基本医疗保险参保人数占比

单位：%

年份	北京	天津	河北	全国
2006	42.44	32.02	8.93	11.97
2007	46.72	34.30	9.88	13.64
2008	49.18	33.94	10.57	15.06
2009	50.45	36.16	11.40	16.44
2010	54.22	36.18	11.79	17.70
2011	58.84	35.02	12.09	18.72
2012	61.85	33.91	12.44	19.56
2013	64.06	33.50	12.63	20.17
2014	66.51	33.59	12.79	20.69
2015	67.97	33.74	12.89	21.02
2016	69.84	34.30	13.03	21.36

数据来源：《北京统计年鉴》（2007～2017年）、《天津统计年鉴》（2007～2017年）、《河北经济年鉴》（2007～2017年）、《中国统计年鉴》（2007～2017年）。

附表12　2011～2016年京津石家庄地区及全国最低生活保障人数 单位：万人

年份	北京	天津	河北	全国
2011	18.7	27.8	296.5	7582.5
2012	17.3	26.7	285.3	7488
2013	16.4	26.7	294.7	7452
2014	14	23.7	272.4	7084
2015	13.4	23.5	260.8	6604.7
2016	12.9	22.4	237.1	6066.7

数据来源：《北京统计年鉴》（20012～2017年）、《天津统计年鉴》（2012～2017年）、《河北经济年鉴》（2012～2017年）、《中国统计年鉴》（2012～2017年）。

附表13　2011～2016年京津石家庄地区及全国最低生活保障人数占比 单位：%

年份	北京	天津	河北	全国
2011	0.93	2.05	4.09	5.63
2012	0.84	1.89	3.91	5.53
2013	0.78	1.81	4.02	5.48
2014	0.65	1.56	3.69	5.18
2015	0.62	1.52	3.51	4.80
2016	0.59	1.43	3.17	4.39

数据来源：《北京统计年鉴》（20012～2017年）、《天津统计年鉴》（2012～2017年）、《河北经济年鉴》（2012～2017年）、《中国统计年鉴》（2012～2017年）。

附表14　2007～2016年京津石家庄地区及全国地方财政文化体育与传媒支出

单位：亿元

年份	北京	天津	河北	全国
2007	53.62	15.96	20.75	898.64
2008	61.11	18.01	29	1095.74
2009	74.75	19.81	38.02	1393.07
2010	79.36	24.28	37.09	1542.7
2011	87.01	29.76	50.45	1893.36
2012	141.37	35.85	59.29	2268.35
2013	154.71	44.53	72.71	2544.39
2014	163.9	47.87	82.66	2691.48
2015	188.5	51.73	88.34	3076.64
2016	198.35	57.16	87.54	3163.08

数据来源：《北京统计年鉴》（2008～2017年）、《天津统计年鉴》（2008～2017年）、《河北经济年鉴》（2008～2017年）、《中国统计年鉴》（2008～2017年）。

附表15　　2007～2016年京津石家庄地区及全国地方财政一般预算支出

单位：亿元

年份	北京	天津	河北	全国
2007	1649.5	674.33	1506.65	38339.29
2008	1959.29	867.72	1881.67	49248.49
2009	2319.37	1124.28	2347.59	61044.14
2010	2717.32	1376.84	2820.24	73884.43
2011	3245.23	1796.33	3537.39	92733.68
2012	3685.31	2143.21	4079.44	107188.34
2013	4173.66	2549.21	4409.58	119740.34
2014	4524.67	2884.7	4677.3	129215.49
2015	5737.7	3232.35	5632.19	150335.62
2016	6406.77	3699.43	6049.53	160351.36

数据来源：《北京统计年鉴》（2008～2017年）、《天津统计年鉴》（2008～2017年）、《河北经济年鉴》（2008～2017年）、《中国统计年鉴》（2008～2017年）。

附表16　　2007～2016年京津石家庄地区及全国财政性文化体育、传媒支出占比

单位：%

年份	北京	天津	河北	全国
2007	3.25	2.37	1.38	2.01
2008	3.12	2.08	1.54	1.94
2009	3.22	1.76	1.62	2.03
2010	2.92	1.76	1.32	1.88
2011	2.68	1.66	1.43	1.84
2012	3.84	1.67	1.45	1.94
2013	3.71	1.75	1.65	1.95
2014	3.62	1.66	1.77	1.91
2015	3.29	1.60	1.57	1.87
2016	3.10	1.55	1.45	1.82

注：财政性文化体育、传媒支出占比为地方财政文化体育与传媒支出/地方财政一般预算支出。

数据来源：《北京统计年鉴》（2008～2017年）、《天津统计年鉴》（2008～2017年）、《河北经济年鉴》（2008～2017年）、《中国统计年鉴》（2008～2017年）。

附表17　2007～2016年京津石家庄地区及全国地方财政教育支出　单位：亿元

年份	北京	天津	河北	全国
2007	263	110.02	283.39	7122.32
2008	316.3	141.7	376.98	9010.21
2009	365.67	173.61	439.33	10437.54
2010	450.22	229.56	514.3	12550.02
2011	520.08	302.32	652.11	16497.33
2012	628.65	378.75	865.54	21242.1
2013	681.18	461.36	837.63	22001.76
2014	742.05	517.01	868.87	23041.7
2015	855.67	507.44	1041.16	26271.88
2016	887.37	502.49	1134.9	28072.78

数据来源：《北京统计年鉴》（2008～2017年）、《天津统计年鉴》（2008～2017年）、《河北经济年鉴》（2008～2017年）、《中国统计年鉴》（2008～2017年）。

附表18　2007～2016年京津石家庄地区及全国人均地方财政教育支出　单位：元

年份	北京	天津	河北	全国
2007	1569.21	986.73	408.17	539.04
2008	1786.00	1204.93	539.39	678.47
2009	1965.97	1413.76	624.58	782.13
2010	2294.70	1767.21	714.90	935.93
2011	2575.93	2231.14	900.58	1224.43
2012	3038.42	2680.47	1187.62	1568.79
2013	3220.71	3134.24	1142.27	1616.92
2014	3448.19	3408.11	1176.69	1684.56
2015	3941.36	3280.16	1402.24	1911.21
2016	4083.62	3216.97	1519.28	2030.27

注：人均地方财政教育支出=地方财政教育支出/该省常住人口。

数据来源：《北京统计年鉴》（2008～2017年）、《天津统计年鉴》（2008～2017年）、《河北经济年鉴》（2008～2017年）、《中国统计年鉴》（2008～2017年）。

附表19　2008~2016年京津石家庄地区及全国每万人执业医师数

单位：人/万人

年份	北京	天津	河北	全国
2008	48	27	15	17
2009	50	28	17	17
2010	52	29	18	18
2011	54	30	19	18
2012	36	22	20	19
2013	59	32	20	20
2014	37	22	21	21
2015	39	23	22	22
2016	41	24	24	23

数据来源：《北京统计年鉴》（2009~2017年）、《天津统计年鉴》（2009~2017年）、《河北经济年鉴》（2009~2017年）、《中国统计年鉴》（2009~2017年）。

附表20　2006~2016年京津石家庄地区及全国发明专利数　单位：个

年份	北京	天津	河北	全国
2006	11238	4159	4131	25077
2007	14954	5584	5358	31945
2008	17747	6790	5496	46590
2009	22921	7404	6839	65391
2010	33511	11006	10061	79767
2011	40888	13982	11119	112347
2012	50511	19782	15315	143847
2013	62671	24856	18186	143535
2014	74661	26351	20132	162680
2015	94031	37342	30130	263436
2016	100578	39734	31826	302136

注：全国发明专利数量确定标准为国内发明专利申请授权量（项）。

数据来源：国家统计局。

附表21　2006～2016年京津石家庄地区及全国每万人发明专利数

单位：个/万人

年份	北京	天津	河北	全国
2006	7.02	3.87	0.60	0.19
2007	8.92	5.01	0.77	0.24
2008	10.02	5.77	0.79	0.35
2009	12.32	6.03	0.97	0.49
2010	17.08	8.47	1.40	0.59
2011	20.25	10.32	1.54	0.83
2012	24.41	14.00	2.10	1.06
2013	29.63	16.89	2.48	1.05
2014	34.69	17.37	2.73	1.19
2015	43.31	24.14	4.06	1.92
2016	46.29	25.44	4.26	2.19

注：全国发明专利数量确定标准为国内发明专利申请授权量（项）。

数据来源：国家统计局。

附表22　2008～2016年京津石家庄地区及全国社会组织数　单位：个

年份	北京	天津	河北	全国
2008	6559	4019	14884	413660
2009	6856	4143	15068	431069
2010	7173	4155	15283	445631
2011	7589	4190	15823	461971
2012	7993	4235	16534	499268
2013	8560	4516	16530	547245
2014	9083	4729	17642	606048
2015	9721	5137	19328	662425
2016	10754	5062	20916	702405

注：社会组织数目的确定标准为国家统计局记录在案的社会组织单位数。

数据来源：国家统计局。

附表23　2008～2016年京津石家庄地区及全国每万人社会组织数

单位：个/万人

年份	北京	天津	河北	全国
2008	3.70	3.42	2.13	3.11
2009	3.69	3.37	2.14	3.23
2010	3.66	3.20	2.12	3.32
2011	3.76	3.09	2.19	3.43
2012	3.86	3.00	2.27	3.69
2013	4.05	3.07	2.25	4.02
2014	4.22	3.12	2.39	4.43
2015	4.48	3.32	2.60	4.82
2016	4.95	3.24	2.80	5.08

注：社会组织数目的确定标准为国家统计局记录在案的社会组织单位数。

数据来源：国家统计局。

附录5：生态一体化指标原始数据（见附表1～附表18）

附表1　2012～2016年京津石家庄各省份森林覆盖率　单位：%

年份	北京	天津	河北
2012	31.72	8.24	22.29
2013	35.84	9.87	23.41
2014	35.84	9.87	23.41
2015	35.8	9.87	23.41
2016	35.84	9.87	23.41

附表2　2012～2016年京津石家庄各省份自然保护区比重　单位：%

年份	北京	天津	河北
2012	8.00	8.10	3.60
2013	8.00	8.00	3.70
2014	7.98	8.05	3.76
2015	7.98	8.05	3.73
2016	8.30	7.70	3.70

附表3 2012～2016年京津石家庄各省份地区节水灌溉面积 单位：千公顷

年份	北京	天津	河北
2012	285.80	292.10	2971.80
2013	203.60	177.30	2901.90
2014	193.90	191.70	3023.90
2015	203.60	177.30	2901.90
2016	195.00	227.50	3314.20

附表4 2012～2016年京津石家庄各省份人均水资源量 单位：立方米/人

年份	北京	天津	河北
2012	175.50	167.10	268.90
2013	173.90	164.70	261.70
2014	95.10	76.10	144.30
2015	176.80	167.80	252.80
2016	121.60	279.90	365.10

附表5 2012～2016年京津石家庄各省份生态环境补水量 单位：亿立方米

年份	北京	天津	河北
2012	5.70	1.40	3.80
2013	5.90	0.90	4.70
2014	7.20	2.10	5.10
2015	10.40	2.90	5.00
2016	11.10	4.10	6.70

附表6 2012～2016年京津石家庄各省份本年增加耕地面积 单位：公顷

年份	北京	天津	河北
2012	1984	3789	15811
2013	1984	3789	15811
2014	54	821	9973
2015	1984	3789	15811
2016	914	1518	16900

附表7 2012～2016年京津石家庄各省份人均耕地面积 单位：亩

年份	北京	天津	河北
2012	0.21	0.56	1.36
2013	0.21	0.56	1.36
2014	0.15	0.43	1.33
2015	0.15	0.42	1.32
2016	0.15	0.42	1.31

附表8 2012～2016年京津石家庄各省份人工湿地面积 单位：千公顷

年份	北京	天津	河北
2012	29.40	38.10	39.60
2013	23.90	144.50	247.30
2014	23.90	144.50	247.30
2015	23.90	144.50	247.30
2016	23.90	144.50	247.30

附表9 2012～2016年京津石家庄各省份二氧化硫排放量 单位：吨

年份	北京	天津	河北
2012	93849	224521	1341201
2013	87042	216832	1284697
2014	78906	209200	1189903
2015	71172	185900	1108371
2016	33210	68452	1108371

附表10 2012～2016年京津石家庄各省份化学需氧量排放量 单位：吨

年份	北京	天津	河北
2012	186501	229434	1349141
2013	178475	221515	1309947
2014	168840	214328	1268548
2015	161536	209099	1208059
2016	87094	103331	1208059

附表11 2012～2016年京津石家庄各省份氨氮排放总量 单位：吨

年份	北京	天津	河北
2012	20483	25416	110730
2013	19704	24681	107067
2014	18951	24485	102709
2015	16491	23844	97272
2016	5576	15666	97272

附表12 2012～2016年京津石家庄各省份单位GDP用水量单位：立方米/万元

年份	北京	天津	河北
2012	20.08	17.64	72.87
2013	18.38	16.17	66.64
2014	19.73	16.36	64.91
2015	18.81	15.25	62.16
2016	15.12	15.23	56.76

附表13 2012～2016年京津石家庄各省份安全饮用水普及率 单位：%

年份	北京	天津	河北
2012	100	100	100
2013	100	100	99.9
2014	100	100	99.3
2015	100	100	99.6
2016	100	100	99.5

附表14 2012～2016年京津石家庄各省份单位GDP能耗

单位：吨标准煤/万元

年份	北京	天津	河北
2012	0.436	0.6	0.36
2013	0.38	0.57	0.24
2014	0.36	0.54	0.23
2015	0.30	0.49	0.96
2016	0.284	0.460	0.920

附表15 2012～2016年京津石家庄各省份一般工业固体废物处置量单位：万吨

年份	北京	天津	河北
2012	219	7	7439
2013	140	10	23429
2014	126	11	22927
2015	118	22	14729
2016	86.99	15.04	14729

附表16 2012～2016年京津石家庄各省份城市生活垃圾无害化处理率 单位：%

年份	北京	天津	河北
2012	99.1	99.8	81.4
2013	99.3	96.8	83.3
2014	99.6	96.7	86.6
2015	78.8	92.7	96
2016	94.8	94.2	97.8

附表17 2012～2016年京津石家庄各省份工业废水治理设施处理能力

单位：万吨/日

年份	北京	天津	河北
2012	30.4	110.9	2126.4
2013	60.2	150.5	4029.4
2014	61	133.7	3644
2015	65	152	3625
2016	65	152	3625

附表18 2012～2016年京津石家庄各省份当年完成环保验收项目环保投资

单位：亿元

年份	北京	天津	河北
2012	26.4	39.9	93.0
2013	24.8	85.6	122.7
2014	81.2	79.6	100.2
2015	19.1	20.2	125.3
2016	13.8	4.7	110.6